此书谨献给勇敢、前卫的开放关系/多边恋的践行者们；

并为纪念本书附录、多边恋第一本经典专著的作者、我的启蒙老师安娜波尔博士。

多边恋

我的亲历、学习和成长

Polyamory: A Chinese Woman's Journey

Sonia Song

梦 桥

美国华忆出版社
Remembering Publishing, LLC. USA

Polyamory: A Chinese Woman's Journey

Sonia Song

ISBN: 978-1-68560-030-3 (Print)

          978-1-68560-031-0 (Ebook)

Remembering Publishing, LLC

RememPub@gmail.com

多边恋－我的亲历、学习和成长

作者：梦桥

出　版：　美国华忆出版社

版　次：　2022 年 1 月第一版，第一次印刷

字　数：　144 千字

致　谢

　　首先感谢我的两个年轻的律师朋友 Michelle 和 Wei，在 2021 年情人节时，就开放关系/多边恋主题对我进行采访。这一期采访音频发布在她们的播客"悲观生活指南"后，得到国内不少听众的正面反应和相关问题。她们建议我把自己的故事写出来和大家分享，于是有了这本书。她们为这本书的诞生，付出了真诚的努力。

　　还要感谢我在美国和中国的朋友，读了我的初稿后给予我的坦诚反馈和鼓励。她们包括：雅正、双子、四梅、林旭、金芳、玛琪、杨舟；还有索拉和洪晃。

　　另外，我多年的多边恋咨询师 Kathy Labriola（有三本多边恋问题专著），也给了我积极指导。

　　也感谢王海伦女士，以她资深编辑和作者的经验提出宝贵编辑修改意见。

　　尤其感谢李银河欣然提笔，写了有见地的推荐语。

　　更要感谢美国华忆出版社副主编乔晞华先生，大胆接受出版，耐心认真指点，并为书作序。

　　最后衷心感谢我的情侣们，用他们的生命和挚爱给予我启迪，使我活出了有意义的人生，活出了自己。

序

　　写序一般都是受作者之邀，作者与写序者之间通常是同行或熟人。此次我为梦桥博士写序，是毛遂自荐。我与作者以前并不相识，至今我们尚未见过面，更算不上是同行或朋友。那么，我为什么会主动为一位不熟悉的作者写序呢？因为这是一本不可多得的好书。作者以亲身经历为线索和实例，对"多边恋"这种新型的开放式的情感关系的历史由来，理念内涵，游戏规则和主要论著等做了较详尽的介绍。我写序的目的，是使读者能用一种平和、宽容的心态来迎接这本不同寻常的书。

　　我的社会学的研究方向之一是犯罪学，我想从这个视角来谈谈如何看待这本书。这并非是说"多边恋"与犯罪有关，而是涉及人们对"错"和"罪"的认知。对于人为什么会犯罪的问题，直到18世纪才开始科学的研究。人类学、心理学、生物学、社会学等学科从不同的视角提出许多理论。大多数理论把重点集中在犯罪人身上，而激进犯罪学注重研究的是法律的制定和执行。

　　最具有代表性的"标签理论"强调，世上许多事情本身并无对错，由于当权者把"对"和"错"的标签贴在这些事物上，才有了对与错的区别。是否犯罪，由当权者说了算。他们凭借手中权力，宣布哪些人为罪犯，从而达到维护自身权力和控制社会的目的。例如，清朝时期，试图实现共和是犯罪行为，要处以斩首；但是到了民国，该行为则是正义的英雄之举。推行共和本身并无对错之分，要看这个人处在什么时代、什么社会。所以犯法和不犯法，是随时间和地点等因素，由当权者贴标签。

　　再来看看美国的禁酒。美国建国至 150 年时，喝酒一直是合法的。但怀有强烈宗教禁欲情绪的一些信奉基督教的立法者，把"酒"

与"罪"相连。1920 年国会通过禁酒令，如果人们公开喝酒，就会受到法律严惩。而这一法律的实施，导致非法酿造、出售和走私酒类饮料的新的犯罪行为激增，且大大减少了联邦及各州政府的酒税财政收入。十几年后，国会又于 1933 年通过宪法修正案废止了禁酒令，喝酒又不是罪了。

西方有些学者认为，禁酒令的产生与消亡，可以引申到吸毒和卖淫问题。他们力主"吸毒和卖淫有罪"与"喝酒有罪"一样，是被人们贴上去的标签。有的西方国家将吸毒和卖淫合法化，解决与此有关的犯罪问题（尤其是黑社会犯罪问题），获得明显的效果。

与犯罪有关的是"越轨"。越轨行为（有时也被称为离经叛道，大逆不道），是指违反社会规范的行为，并不触犯法律，却为流行的社会准则和道德所不容。此类行为的定义与犯罪行为一样，也随时间和地点的变化而改变。传统中国奉行"父母之命，媒妁之言"，自由恋爱是离经叛道；当今社会，父母干预子女婚恋已不被社会主流接受。婚前性行为、未婚先孕、婚外恋在中国改革开放之前会受谴责，有的还会遭受惩罚，而现在已司空见惯。但这些行为在当今某些伊斯兰教国家中，女性会被乱石砸死。

总之，过去的离经叛道行为，可能成为当今的主流；而当今的大逆不道，也许会成为明日的主流。胡适先生曾说过，容忍比自由更重要，容忍是一切自由的根本，没有容忍就没有自由。一个健康的社会，只有容忍不同的思想存在，容忍有不同的声音，才能使人人都有思想的自由。

鉴此，我们能否给这本也许是"离经叛道"的书一些宽容呢？

乔晞华

2021 年 10 月

目　录

多边恋

我的亲历、学习与成长

Polyamory: A Chinese Woman's Journey

你想过或经历过同时和一个以上的人有恋情吗？这是可能的吗？是道德的吗？

我有幸和你分享自己三十几年来作为一个开放关系和多边恋的信仰者及践行者的经历和心历路程，以及对这一新型亲密人际关系模式的学习和思考。尽管我有意识的自主选择的多边恋经历，多是在理念及环境相对开放的美国，但它潜意识的萌芽却初始在中国。

第一章　从朦胧到自觉

"如果你需要...."

我在新中国成立前夕出生，到了北京，在红旗下长大，一帆风顺，直到 1966 年文化大革命，那年我高中毕业。

我的整个中学时期，从 13 岁到 20 岁（包括两年文革），就读于北京乃至全国最好的女校，在完全是女生的环境中成长，没有和异性自然相处、相知、相爱的机会。多年后我们学校的同学聚会时发现，婚姻幸福的不多，离婚和单身的不少。

文革当中，1969 年，我们从插队的农村回北京城里过冬。一个偶然的机会，我结识了一个著名的红卫兵诗人。他那充满激情和韵味的诗篇《相信未来》《四点零八分的北京》《窗花》，深深吸引打动了我。听说他需要一个女友和他一起去杏花村落户，探索中国新诗歌的道路，被理想主义和青春荷尔蒙冲动着的我，自告奋勇去他家敲门。少许寒暄后，我开门见山地问："你觉得我怎么样？"他掐灭手中的烟，在屋里来回踱了几大步，停在我面前，直勾勾地看着我说："有这样天上掉馅饼的事？！"

就这么简单，就这样说定了。我迫不及待地回家去报告这一特大喜讯，恨不得让全世界都知道，"我恋爱啦！"这时爸爸在外地"五七干校"劳动改造，妈妈坚决反对：不容考虑！她觉得我至少应该找一个大学生或者工人，将来可以回城。我赶紧写信把爸爸叫回来评理。爸爸还算民主，和这个"诗人"见了一面，然后说，他也不看好。他和妈妈结成了统一战线，我彻底孤立。文革中父母挨整时，因为保爹保妈，保校领导，反工作组，我在全班、全年级、全校被批斗；我为他们背黑锅，送吃的，写检查，从没动摇过。这一次却不知哪来的一股倔劲，二话不说，离家出走，立马搬去他家住了。现在回想，也许是因为小时候在家里和学校都很受宠，所以比较任性，特别是在我认为自己对的时候。

冬闲结束后，他搬去了我插队的农村。朝夕相处一起生活不到六个月，我发现，我崇拜他的诗，爱他的诗，可是不爱写诗的这个人，特别是我们在性格上格格不入。我尤其受不了他超强的嫉妒心。生产队开会，我碰巧坐在一个男社员旁边，他都会指责我。和当初唐突鲁莽地说要在一起一样，我又坚决地和他分手了。

尽管是我自己要分手的，初恋的结束还是让我痛苦万分。又回到北京时，见到中学的挚友，向她诉说我的苦恼。当时正在热恋的她对我说，如果我有生理上的需要，可以找她的男友解决。我说"那怎么会！"那时我们多会否认和压抑自己的性需求，但我心里非常感动，"她可真够朋友！"

这种依传统观念不可思议的事，对她，对我，发生得如此平静、自然。她没有表现出任何勉强和犹豫纠结，我也没有感到惊愕或不可接受。

"爱一定是要独占和排他的吗"？探讨这个问题之前，我们先来理清一下什么是开放关系和多边恋，什么不是，和为什么。

什么是，什么不是

维基百科对开放关系的说明是[1]：在亲密关系中，交友或者婚姻，允许在情感上以及/或者在性关系上对其他人开放。这一理念从1970年代开始传播，主要有三种形式：换偶[2]，开放式婚姻[3]和多边恋[4]。这三者的共同之处是：在所有参与者知情和同意的前提下，同时与一个以上的人有亲密关系。不同之处在于：换偶较侧重于性活动；开放婚姻有法定形式；多边恋更侧重于情感联结，可以有也可以没有性关系。

多边恋一词是希腊文的"许多"[5]和拉丁文的"爱"[6]的组合，最早在1990年的一个杂志上被使用。[7] 美国全国性多边恋组织"爱多多"[8]对多边恋的定义是：在相关人完全知情和同意的前提下，诚实地、有道德地、同时与一个以上的人有亲密关系。

基于这些诠释，"出轨""小三"、婚外情等不属于多边恋，因为其中有欺骗，不诚实。中国过去的妻妾制和美国摩门教的一夫多妻制，不属于多边恋，因为它们不是参与者平等的自主选择，而是男权制的产物。所以，多边恋绝不是"出轨、小三、二奶、婚外情或乱交"的同义词。

动物和人的本性是一对一的单偶制[9]还是非单偶制[10]，是一个见仁见智，至今争论不休的问题。传统观点认为一夫一妻的单偶制不容

1　Wikipedia. JSTOR (June 2013).
2　英文为 Swing。以下"英文为"略，直接注释英文。
3　Open marriage
4　Polyamory，将此词译为多边恋是我的创意。
5　希腊文为 Poly。
6　拉丁文为 Amor。
7　Zell-Ravenheart, Morning Glory.1990. "A Bouquet of Lovers". Green Egg Magazine, Spring Issue.
8　Loving More
9　Monogamy
10 Non-monogamy

置疑，结婚、离婚、再婚，可以称为连续单偶制[11]。

新兴学派用生物学和人类学的大量论据提出，单偶制并非是动物和人的自然状态和本性，而且连续单偶以一生为计，实为多偶。[12] 折中派则认为，"对偶制[13]是作为动物的人类的基本繁殖策略，而额外的性行为通常是次要的补充，形成混合式或双轨的交配策略。"[14]

任何一种见解都可以从不同类别动物的行为举止中找到论据。例如信奉单偶制的学派，常以富有进攻和独占性的雄性为主宰的黑猩猩[15]为例；而主张开放关系的学者的得意物种，是雌性为主、性情平和、多偶做爱的矮小的波努波猿或称倭黑猩[16]。它们是与我们人类血缘关系最近的近亲，其98.7%的基因和我们人类完全一样[17]。这三种主要灵长目类人猿中，体格高大但脑容量较小的大猩猩[18]，在基因和血缘上与人类的关联，次于体形中等脑量居中的黑猩猩，和体型较小但脑量较大的倭黑猩。

由此可见，这是一个没有定论、见仁见智的问题，取决于你个人的三观倾向：各有各的道理和说法，你自行选择听什么、信什么和做什么。

我个人认为，人是多面体，需求也是多元的，而且会随着时间和情况不断变化。如果人的一生只能跟一个人有配偶关系，并希望那个人能满足自己所有的需求，要终生成为彼此的经济来源、精神情感支柱、以及子女的共同抚养人，未免要求过高，负担过重。再美好的佳

---

11 Serial monogamy
12 Ryan, Christopher and Jetha, Cacida. 2010. *Sex at Dawn: The Prehistoric Origins of Modern Sexuality.* New York: HarperCollins Publishers.
   Barash and Lipton. 2002. *The Myth of Monogamy: Fidelity and Infidelity in Animals and People.* New York: W.H. Freeman and Company.
13 Pair-bonding
14 Fisher, Helen. 1992. *Anatomy of Love: A Natural History of Mating, Marriage, and Why We Stray.* Updated in 2016. New York· London: W.W. Norton & Company.
15 Chimpanzee
16 Bonobo
17 Pediaa.com
18 Gorilla

肴，也不能总吃这一口，需要搭配。想换胃口时，不是说这个不好或不够好，而是营养需要多样化。当配偶或情侣有某种需求，并可从其他人那里得到满足时，在知情和同意的情况下，允许这种选择的存在与发生，或许可以挽救很多婚姻和情感关系。反之，则可能对人性的深度和广度形成某种程度的否认和压抑。

开放关系和多边恋不是倒退回原始社会的自发任意性交，而是人类螺旋式演进到更高层次的、有道德规范的自主选择。这是人类文明的一种进化，是真善美的升华。

当另一个女性出现时

我自己的经历、多边恋群体的事实，以及人类婚恋状况的演变告诉我，真爱不一定是独占和排他的，而是可以坦诚分享的。

我是一个嫉妒心不太强的人，或者说，我的嫉妒心更多的是表现在学习和工作环境中，而非亲密关系上。当我意识到自己所爱的男人可能对另外的女性有兴趣时，我更多的情绪是好奇和兴奋，而不是排斥，好像和那个女人有种天然的女性联结[19]。

在我结婚前后，还没有清醒的多边恋意识时，我对自己的爱人的女友的态度，是自然本能的理解和包容。结婚前，一天我当时的未婚夫 M 从学校回来告诉我，他向全班告知他要结婚了的消息后，意外收到班上一个才貌双全，一向自视清高的女生的信，诉说她如何在一直暗恋着他，很震惊为什么他从未追求过她就要和别人结婚。M 说他准备用红笔给她回一封信，表示从此不要再联系。我说，不至于吧，为什么不可以和她好好谈谈，让她有个倾诉的机会。我建议找一天我回父母家去住，让他们有地方，有自己的空间去沟通。我一直认为，情感关系不应该被隔绝在受保护的笼子里，当有外来危险或挑战时，要把它放出去经受考验。如果沟通的结果是我所爱的人，认为和

---

19 Feminine bond

另外的人在一起会比和我更幸福，如果我真的爱他，就应该放手。我回娘家时是做了这样的心理准备的。

后来M告诉我，那个女生在高温天气中长途乘车，从北大到我们城里的家时，已经中暑。M让她躺下休息，悉心照料她，并做了恳谈。她在我家过了一夜，M没有乘机"占便宜"。她非常感动，表示不会干扰我们的生活，并衷心祝福我们。以后M和她偶尔有工作和学术上的接触，关系友好正常。

结婚后，有一次我感到，M对我的一个比较年轻的女友有好感，我也很喜欢那个女友。一次M出差前，似乎坐立不安，在电话周围转。我打趣地问他，是不是走之前想和她通个电话？你不好意思打，我可以帮你打。我拨通电话和她寒暄几句后，把电话交给M就出去了。留给爱人与他人自由交往的空间，是一种对双方关系的信任，对他人心存善意，以及对自己能应对任何状况的内在自信和安全感[20]。

后来，M给我那位女友写了一首诗，但不知怎样给她好。我说，那好办，在咱家开个party，把咱们和她的共同朋友也都请来，像以往一样，爱唱歌的唱歌，爱念诗的念诗，你不就有机会表达了吗？Party开得很热闹，当那位女友意识到M对她的情感后，婉转地告知他，自己已有男友，对M没有除了朋友之外的特殊感情。M把想要说的说了，也接受了现实。我们两人都和她保持了长久的友谊，很多年后我提出与M离婚时，也曾托这个女友去做工作。

情侣间保持坦诚沟通，包括能谈论对其他异性或同性的好感或有兴趣的念头，非常有益于增进彼此的信任和感情，但前提是要有基础，确保这种沟通是安全的。安全系数越大，沟通会越坦诚。我原来一直以为我和M可以无话不谈，包括我对其他异性的感觉。但若干年后的一件事使我认识到，他的接受是有限度的。如果他感到我对某个异性不是一般地谈谈，而是可能真动心了，就会感到他的自尊受到了羞辱和挑战，会突然失控，诉诸暴力，使我自己处于非常危险的境

---

20 Inner security

地。所以坦诚不是绝对或无条件的，首先要有自我保护的底线意识。

我的第一本启蒙读物

文革开始那年我高中毕业，后来去插队、当兵。1972 年尼克松访华后，我作为文革后第一批公派留学生，1973 年至 75 年去英国留学两年。回国工作了 12 年后，又于 1987 年去美国伯克利大学攻读法律。我真的算是我们那个时代的幸运儿。

在我去美国之前，一天偶然在北京王府井的外文书店看到中译本《开放的婚姻》一书，是美国尼娜·欧尼尔和乔治·欧尼尔夫妇于 1972 年在美国出版的[21]。这本开放关系领域里的第一本专著，曾连续列《纽约时报》畅销书榜 40 周。中国改革开放后，这本书于 1987 年由浙江文艺出版社出版，那时已被译为 14 种语言，销售 3,500 多万册，成为世界畅销书。我被作者大胆、明晰、且积极乐观的阐述吸引，把它送给我丈夫 M，作为我去美国留学临行前的礼物。我在内页里写到："让它成为我们结婚十年来的总结，未来十年的指南"。我们的约定是，分开期间可以各自有自己的临时伴侣，前提是不拆散家庭。

这本书是我开放情感关系领域的启蒙读物。它是美国激烈动荡的 60 年代，反越战、民权运动、女权运动等促发的自由、人权、性解放浪潮的产物，对开放关系的研究和倡导作用卓著。妮娜·欧尼尔在丈夫去世后，于 1984 年对此书更新再版。序言中说明，在 1984 年对三千多对中产阶级以上夫妇的一项调查中，15% 的受访者表示，他们的情感生活方式是包括性自由的开放式婚姻（当然有他们自己的原则和契约）。这个数字远远大于一般人的预期。且调查发现，选择开放式婚姻的夫妇，一般经济状况较好，受教育程度较高，个性上较

---

21 O'Neill, Nena and George. 1972. *Open Marriage: A New Lifestyle for Couples* New York: M. Evans and Company.

富于冒险精神，不墨守成规，较有想象力和创造性，面向未来，喜欢社交和复杂性的挑战 [22]。

在美国学习期间，我和丈夫实行的是开放式婚姻。我们商定的原则是，在此默契之下，各自的具体情况想说就说，不说不问，有问则必诚实回答。我的感受是，越能在这方面坦诚沟通，越能使关系真正亲密。否则会产生距离感，使婚姻关系成为一种表面稳定而内在质量低下的"维持会"。

另一种 MBA

天安门事件发生后，美国国会通过中国学生保护法案，所有当时在美国的中国人，不论身份如何，是否合法入境，都给予绿卡即永久居留权。我在法学院毕业后，去新加坡工作了两年，当时我丈夫也在那里工作。在分居的五年期间，我们似乎在向不同的方向发展：我更开放，他更保守，我有几个外遇，他好像没有，我们彼此也不提。我那时感到也许"维持会"已到尽头，但还想做最后一次努力，看婚姻是否可以挽救。

在新加坡生活的两年期间，发生了我以为可以对出轨坦诚沟通，但以他的失控和暴力告终的意外。我不愿再自欺欺人地在已经没有爱的婚姻里继续凑合，于是带着两个孩子回到美国，准备开始新的情感追求。但丈夫不同意离婚，我又不能欺骗别人。怎样处理这种 MBA 的状况？[23]

伯克利所在的旧金山湾区可谓是性少数群体的天堂大本营。很快我就找到了有关多边恋的书籍、团体和活动（也许我是第一个把 Polyamory 这个词译成"多边恋"的）。我看的第一本有关多边恋的

---

22 O'Neill, Nena. 1984. Open Marriage: A New Lifestyle for Couples New York: M. Evans and Company.

23 MBA 一般是指工商管理硕士学位: Master of Business Administration. 这里说的是已婚但仍在寻友的状况：Married But Available.

专著，《多边恋-新型的博爱》，1997 年出版，是心理学博士安娜波尔的首创[24]。2010 年这本书再版，名为《21 世纪的多边恋》[25]。

她在书中写道：

"事实上，不论是否愿意对自己承认，我们多数人内心深处都趋于多边恋。当今社会最通常的情感关系形式是'连续性单偶制'[26]（其实并非真正意义上的单偶）。这不是偶然的，连续性单偶可被视为更接近我们真实的自我。不像终生单偶制，连续性的单偶允许我们表达多边恋的本性，与此同时维持单偶制的假设，而其间多个情侣被时间阶段分割。对某些人来说，结婚-离婚-再婚的循环是最好的出路。"

她又说：

"我们的文化急需一套新的性道德理念，即在我行我素的性自由革命，与过时的一生厮守一人之间找一条中间道路。我们需要现实的指导，它来自构成我们今天世界整体所有多元文化的最高智慧。"

我一翻开这本书就放不下了，内心产生强烈共鸣，好像说出了我隐约久埋在心里而不知如何表达的话语。我有一个"毛病"，读到特别触动我的书，不论是英文还是中文的，就有翻译的冲动，想译出来，与更多的人分享。我在 1997 年初次见到安娜波尔博士后，便满怀激情地将《多边恋-新型的博爱》一书译成中文，至今在国内都没有找到出版社愿意出版，包括我的中学学妹，大名鼎鼎的李银河，都努力而无果。

安娜波尔博士于 2015 年去世，现在我把这本当年的译著附在此书后。一是对这位多边恋的先行者和我的启蒙老师的怀念；更重要的

---

24 Anapol, Debrorah. 1997. *Polyamory: The New Love without Limits.* California: IntiNet Resource Center.

25 Anapol, Debrorah. 2010. *Polyamory In the 21st Century.* Maryland: Rowman & Littlefield Publishers, Inc.
在她新版的书中有三处提到了我 2008 年出版的自传中对多边恋的理解和感受。

26 Serial monogamy.

是，书中介绍讲解的有关多边恋的基本理念和原则，非但不过时，且现在仍很受用。

安娜波尔博士那时就住在旧金山湾区，经常举办多边恋讲习班。一个秋叶纷繁的周末，我开了很远的路到山上的一个豪宅，去参加讲习班。因为地方不好找，我迟到了，屋里二三十人已围坐一圈，开始了别有生面的自我介绍。一个小花球在人群中传递，接到花球的人，要简单说自己叫什么，从哪来，今天为什么而来。然后把花球扔给自己想了解的下一个人。我刚坐下，还没定住神，不知谁扔的球就落到了我这里。我说了自己的名字，来自中国北京，刚才开过的五彩缤纷的崎岖山路，酷似我多彩的人生轨迹。从中国到美国，在大洋两岸，我的情感经历中有爱已殆尽的婚姻，有爱而没有性的深情，或是有性而无爱的邂逅。我是带着好奇心而来，想了解是否能够，或者怎样找到情、性、灵一体的爱情。

大家自我介绍后，安娜波尔概括讲述了多边恋的理念。她认为，不论我们是否愿意对自己承认，其实很多人内心深处都有多边恋的倾向，即一生中不止与一个伴侣有亲密关系，且这种愿望和能力是与生俱来的。但在现实中，很多人没有足够的成熟和沟通技能与一个情侣相处好，更谈不到有能力处理一个以上的情侣关系。她明确指出，多边恋绝非乱交。多偶关系是自然与生物界多元化的特质。在农耕文明建立之后，人类非单偶的本性与因财产归属发展起来的单偶制传统之间的冲突，促使人们寻求新型的情感关系模式。安娜波尔说明，多边恋，或称负责任的非单偶制[27]，是那些渴望解决这一困境，扩展社会视野，宽容多情侣关系的人们所探讨的、一种可行的替代性理念和选择。她在书中详细论述了什么是多边恋，什么不是；多边恋的道德准则；怎样判断多边恋是否适合于你；多边恋关系能够成功的八点要素；怎样对待嫉妒心；怎样寻找同类；怎样出柜亮相；怎样建立多边恋家庭；为什么多边恋对大人孩子都有益；以及怎样推广这种新型

---

27 Responsible non-monogamy

文化。书后并附有一个涉及多边恋的文学作品的目录。

既然是讲习班，就有讲有习。她设计了若干活动练习，比如，参与者排成两行相对，按照个人感觉，逐渐走近，可以在任何一刻停止，也可以敞怀相拥，完全取决于每个人对自己的舒适程度和人与人之间距离的感觉。再如，两人较长时间专注对视，你看到什么，想到什么，感受到什么；再如，想象站在你面前的是一个曾经伤害过你，而你现在已经成熟到可以对之宽恕，你会对他/她说什么，做什么。最后一个练习，是两个从未接触过的人，通过交谈，在彼此充分沟通的情况下，可以用两人同意的任何方式表达感情，包括没有感觉，连握手都不愿意，到任何形式的亲热，甚至做爱都可以。

在无亲无故、但又爱意浓浓的氛围下一天过来，感觉恍如隔世。原来素不相识的人还可以这样相处、相爱，实在是太奇妙了。最后，大家又围坐在一圈，分享感受。我说，我们为什么要分手各自回家，为什么不可以组成一个小公社，一起生活，共同成长？这不正是我理想的乌托邦吗？

先天还是后天

如果有人问我，你的多边恋倾向是先天就有的，还是后天到美国学的？认真回想，我的多边恋基因可能来自幼年的生活环境。

从延安到北京后，父母都忙于工作，我从一岁起就住进了北海幼儿园，每周末回家一次，直到 7 岁上小学。从小开始的集体生活，使我对原生家庭很遥远生疏。我们第一代祖国的花朵，隔绝在原皇家园林的红墙之内，享受着无忧无虑的特权生活；红墙之外是热火朝天的抗美援朝、土地改革、三反五反、公私合营等连续不断的政治运动。而我们在超然于革命风暴的温室里，从衣食住行到阿姨老师的关爱，无一不是分享的。

人生最重要的成型期，我在无不分享的共产主义的小气候中发育成长，难免不打上理想主义的烙印，潜意识的镜片也无可救药地始终带着玫瑰色。我又在 70 年代，20 岁出头时，到英国学习，比较早地接触了西方的自由民主思想，后来又来到美国这块充满机遇的土地。我这颗带有共享之爱基因的种子，在丰润的阳光雨露的滋养下，发育成长为多边恋者，似乎是如鱼得水，自然而然的了。

有学者研究发现，年幼时有群体成长和资源分享背景，比如在土著人的部落、以色列式的幼儿园、或类似环境中成长的人，比较容易接受开放式的生活和情感关系模式[28]。

多边恋颇具理想主义色彩，是理想主义在人际亲密关系上的体现，对人性和人类社会有美好憧憬的人，也会对这种理念产生内存的共鸣，受其感召而乐于接受和尝试。

---

28 参见康斯坦丁有关开放式家庭的论文：Constantine, L.1977. *Open Family: A lifestyle for Kids and Other People*. JSTOR (digital Journal Storage)

第二章 试水

一锤定音

讲习班分手告别时，有两位男士表示希望和我约会交友。一个是身材高大健壮的美国人，让人联想起意大利的雕塑；另一个是比较矮小黝黑、但很幽默的伊朗人。两个极端的对比引起了我的兴趣和好奇心。我们三人协商后达成的共识是，各自约会，不搞同时相聚的三人行。之后的约会中，一个温文尔雅，如涓涓流水；另一个如宣泄的瀑布，激情四射。他们都有吸引我之处，但我的直觉告诉我，他们俩都不是我的归宿。

不久之后，在一次多边恋的聚会中，我遇到了一位长者。美国船王的女儿在旧金山北湾把一所依山傍海的大豪宅，改建成了一个称为"爱的庆贺"的活动中心[1]，举办有关环保、健身、精神修炼、情感关系等讲习活动。湾区的性少数群体也定期在那里聚会。

一个傍晚，天边泛着落日的余晖，面朝大海、铺着粉红色地毯的中心活动室里，十来个多边恋小组的人围站成一圈，用自己选择的方式，彼此打招

---

1 Celebrations of Love

呼，握手，微笑，合掌，或拥抱。我身边一位戴着红色法国贝雷帽，身材修长面目清秀的老人，转过身来轻声问："可以有一个真的拥抱吗？[2]"我明白，他指的不是一般所谓的 A 字型，头首接触，身体分开的礼节式相拥，而是整个身体接触的拥抱。虽然有点儿意外，我还是点点头，心想老人可能很孤独，很久没有享受过有体温的接触了，而我此时能够而且愿意给予。谁知，这一个拥抱，开启了我们之后近十年的浪漫之旅。他纤瘦的身体里蕴藏着那么炙热的能量，即刻熔化唤醒了我。活动后，我们手拉着手走出大宅，在月光下吻别。

之后的约会里我了解到，他，Don，是一位退休的社会心理学教授。70 年代他任康涅狄格州立大学心理学系主任时，曾创办过一个多边恋的小公社。七、八个人在郊外合买了一块地，共建了一栋大房子，有公共的空间和各自的卧室，小团体里的人都经过性病检查，可以按照彼此之间的契约自由组合。但好景不长，他的女友最后跟别人好了，搬出去了，小团体也慢慢散了。原来他是多边恋的先锋和老前辈，且初心未变，仍然相信这是一种值得向往的选择。他的婚姻生活很不幸，第一个太太生孩子时去世了；第二个太太生的孩子先天大脑发育不良，因太太身体不好，由他抚养，直至长大后住进残疾人机构。他一直渴望一个身心健康、志同道合的情侣，而且在冥想中勾画出了她的形象，是一个亚裔女性。当我出现在他面前时，他认为是自己所深信的"吸引法则"[3]终于应验了。

我也有和他相似久知，相见恨晚之感。后来他去世后，我又恋上一位年长我很多的情侣。这时我才意识到，可能因为我是家里几个男孩后的第一个女孩，和父亲关系亲近，所以潜意识中有恋父情结，不自觉地总被阅历知识丰富，和善慈祥的长者所吸引。

那时，因为 M 不同意，我还没有离婚。没有遇见合适的人时，好像还可以凑合，尤其以孩子为由。一旦碰上意中人，一天都凑合不

2 Can I have a real hug?
3 Law of Attraction

了了。Don 说，没关系，他需要多少时间就给他多少时间，不妨碍我们开始自己的生活。就这样，我带着六岁的小儿子搬去和 Don 一起住了。比小儿子大十岁的大儿子仍和他爸在一起生活。

Don 已经到了当爷爷都富富有余的年龄，但还是尽量想做一个合格的父亲。他是教育学博士，从帮助我小儿子认知非原生家庭，到和他共同参与心理咨询，到趴在地上和他一起玩儿，一起做作业。儿子对我不敬时，他会从尊重女性的角度对他循循善诱。那种有人为你挺身而出，被尊重和受保护的感觉真好。但毕竟年龄太悬殊，加上东西方文化不同，儿子从未接受他为父亲。但我们一家三口，老、中、小三代人过得还算和谐美满。

牧马人

我告诉 Don，在认识他之前我正在和两个人约会。他说如果我愿意，可以继续和他们的关系，而且他也想认识这两位。那个高个子美国人的专业是做马和人的体能训练，就叫他牧马人吧。有个周末他要举办一个体能训练讲座。Don 最热衷的研究课题是，人怎样在试图改造客观世界的过程中，不忘首先和不断提升自我。他任教时经常组织各种讲习[4]，退休后也喜欢观察和学习别人怎么搞。我和 Don 一起去了，都很欣赏牧马人的讲习，之后我们一起吃午饭。在此之前，我已和牧马人介绍过我和 Don 的关系。席间，我们自然谈起了今后三人关系发展的可能。我们都同意继续，但明确了是以我和 Don 的关系为主，与他为辅。我倾向于和牧马人约会时单独进行。出乎我意料，他们两人都更喜欢三人行。我没有过这种经历，于是欣然同意尝试。

牧马人接受邀请，很快来我们家拜访。我们三人先是在客厅聊天，牧马人提出在壁炉前为我和 Don 做简单按摩，之后又到后院的热水池浸泡。按照大家的约定，都不穿衣服，而且可以互相亲热爱

---

4 Workshop

抚，然后上楼进了卧室。那里有轻柔的音乐，有鲜花，有红酒。在浓浓的诗情爱意中，他们两轮流温柔地和我做爱，那么自然、和谐。看着两个我在不同程度上都爱着的男人，他们在年龄、体质上差距甚大，但彼此之间没有任何嫉妒竞争之意，而是相互体贴关照，同时和同一个女人，用自己不同的方式表达分享着爱。人和人之间的爱可以这样无私和包容，那种诚恳和真挚，让我陶醉得灵魂冉冉而升，这个世界真是太美好了！

同喜心和嫉妒心

后来我了解到，我们三人当时被笼罩其中的共同情感，在多边恋的词汇中被称为"同喜心"或"随喜心"[5]，它是占有欲主导的嫉妒心的反义词，是仁慈[6]、同理心、共情力[7]的近义词。美国目前认可的对同喜心的定义是："为你所爱的人与他人分享情爱或性爱时，你也感到的愉悦"[8]。这个词是曾生活在旧金山的克里斯塔多边恋群体[9]于1990年左右开始使用的。

虽然同喜心是与嫉妒心相反的一种情绪，但并不是说非此即彼，两者不可同时并存。就像我们可以悲喜交加，同时感受两种相反的情绪。嫉妒心和人其他的喜怒哀乐一样，是一种正常的情绪反应，不应被污名化为丑恶而予打压；而是要正视、接受、并善待它，使这种自然、正常但不利于身心健康的负面情绪，转化为自身成长的良师益友。嫉妒心人皆有之，只是程度和表现形式不同，就像人都有快乐和不快乐的时候；人的个性也有差异，有的上进心强些，有的嫉妒心强些，无须大惊小怪。

---

5 Compersion
6 Compassion
7 Empathy
8 Richie and Baker (2006).
9 Kerista Community

践行多边情感方式的人不是没有嫉妒心，而是对嫉妒心有更接纳的态度及更平和有效的处理方式。他们认为，人有思维、共情、掌控和改变自己情绪的能力。嫉妒心似乎是与生俱来，而同喜心对多数人来说，是需要有意识地学习和培养的技能，像肌体锻炼一样。花园里有花有草时，给哪种多浇水施肥，哪种就长得好。

多边恋群体中对怎样应对嫉妒心有很多专著，还有专门的应对和练习手册[10]。最近又出现了如何培养同喜心的博士论文专著和网站[11]。其中建议的方法有[12]：

1. 从增强共情力入手，首先对自己坦诚，更敏锐地觉察意识自己的感受，才更容易体验他人的感受。

2. 理性分析，目前的关系是否安全稳固，对另外人的兴趣、喜好或爱恋是否影响了现有的情感关系。如果没有，则没必要让两人或更多人的关系，被过分夸大的激烈嫉妒情绪掌控或毁掉；如果有，在哪些方面需要调整，以使各方的需要得到满足。

3. 相互支持，一方有了新恋时，积极协助另一方寻友，并交流彼此的经历感受，分享乐趣，面对问题。允许感觉不好或嫉妒的一方坦诚表达，另一方无评判、无防卫地倾听，并重述反馈，使对方感觉被听到和理解了。

4. 对自己有信心，有耐心，善待自己，坚持实践，嫉妒心就会逐渐减弱，而感受同喜的能力会不断增强。

牧马人续

与如何识别同喜心和嫉妒心相关，接着讲和牧马人的故事。有了

10 Labriola, Kathy. 2013. The Jealousy Workbook: Exercise and Insights for Managing Open Relationships. Oregon: Greenery Press.

11 Thouin, Marie. 2021. *Compersoin in Consensually Nonmonogamous Relationships: A Grounded Theroy Investigation.* www.whatiscompersion.com.

12 Blue. Effy. on mbg (mindbodygreen), July 2020

第一次成功的同喜的三人行，我继而提出另一个不同的三人行的建议。我的一个女友是极端的女权主义者，痛恨所有男性。她有一段时间陷入很深的忧郁症不可自拔。一次她又打电话向我哭诉，说她感觉身体非常虚弱，快不行了，需要增加能量。我说我认识一个专做马和人的体能训练的治疗师，我和 Don 都听过他的讲座，很欣赏他，问她愿不愿意试一试。原以为她会一如既往地拒绝和任何"臭男人"打交道，也可能她太痛苦了，竟然说可以。牧马人也欣然同意。

我开很远的路把女友接到家里，牧马人已在等她，Don 出去看医生。我把另一间卧房布置得很舒适，女友和牧马人简短寒暄后，就各自脱衣上床了，我坐在离门口很近的地方当观察员和服务员，准备需要时随时递毯子、枕头或水。没想到，女友接触到牧马人的身体后，没有任何反感、迟疑、或退缩，而是像久别的情人，热烈拥抱，彼此爱抚，渐渐进入高潮。我在一旁，目瞪口呆，又欣喜交加，欣赏着两个线条清晰的人体，在窗外透射进来的阳光下，时而涌动时而静息之美。心想，你这家伙纯粹骗人，或是自欺欺人，什么女权主义厌恶男人，久旱逢雨，你还不是渴望不及吗？等完事后，要好好数落笑话你。

一两个小时过去了，他们还没完事。我感觉自己的情绪，从惊讶，好奇，同喜，期待，到开始不耐烦和疑惑，不是说好了一起玩吗，怎么不管我了，好像我不存在？我提醒了一句，"嘿，咱们不是还要一起泡热水池吗？"他们好像没听见，没搭理我，继续玩自己的，那么投入，销魂到好像身外的世界已不存在。看他们没完没了，我越来越受不了了，直感到心中怒火中烧。我赶紧给 Don 打电话，让他快点回来。电话接通时，他已停车到家门口。他说他的第六直觉预感情况不好，就取消了预约，打道回府。这在 Don 是太难得的事了，他年纪大很看重自己的健康，而且这次要开几小时的路去看一个排了很久的专科医生。我一下扑到他怀里委屈地哭起来。他俩在楼上继续亲热，我和 Don 在楼下。在 Don 的抚慰开导下，我慢慢平静下来，和 Don 探讨着怎样应对。说着说着，他俩终于下楼来了，和我们简单打个招呼就匆匆告辞了。真是莫名其妙！

之后我给他们各自发了邮件，希望大家能坦诚地交谈一下，发生了什么，为什么，今后怎么办，哪怕他俩想约会交友，也没问题。又出乎意料，他俩的答复都是不想谈。我回答尊重他们的选择。但我认为，多边的情感关系，可以将人性最好的一面和最不好的一面都激发呈现出来，关键是怎样对待和沟通，把每一次问题冲突都当成学习成长的机会才有意义。有了问题，出了情况连谈都不愿谈或不能谈，那这种关系还有什么意思和存在的必要呢。和牧马人的关系就这样不了了之了。和那个女友，断断续续，她有危机时就会又联系我，我也不长记性，有求必应。最后我们一起来到了夏威夷定居，但最终还是走不到一起，彻底分手了。

这次失败的三人行后，我又去重读我已翻译好的多边恋的经典指南《多边恋－新型的博爱》，其中有一章专门谈嫉妒心的问题[13]。我原来以为自己的嫉妒心不是很强，或是不主要表现在情感关系上。这件事是不是因为我从最初的同喜心到后来嫉妒心占了上风呢？

书中将嫉妒心分为这几类：占有型嫉妒，被排斥型嫉妒，竞争型嫉妒，自尊型嫉妒和惧怕型嫉妒，说明了每种类型嫉妒心理的特征和应对方法。我的这种情况似乎属于被排斥型嫉妒，即，不是不愿或拒绝分享，而是不满意别人不与我分享。心想：你们玩得那么高兴，那我呢？这是非常正常的反应，无可非议。解决的办法是，以后再有三人行的约会，最好事先说清楚，三人之间时间怎样分配，有了大致的共识和预期，加上一定的灵活性，就可以减少或避免不愉快的结果。

在开放关系中不断学习成长的经历，是这种情感关系的选择始终对我极有吸引力的原因之一。在不断的矛盾冲突中更好地认识自己，做更好的自己。

---

13 参见本书附录《多边恋 - 新型的博爱》第五章。

伊朗人

在和 Don 及牧马人交往的同时，我和伊朗人仍保持着不太频繁的约会。Don 知道他但还没有见过。正巧，伯克利大学的电影馆要举办一个小型的纪录片电影节，其中有伊朗人拍摄的一部片子。我约了 Don 一起去看。伊朗人在 1978-79 年的伊朗革命中和他的女友逃亡到法国，后来他的女友在一次车祸中不幸身亡。在整理她的遗物中，他看到了女友和她的几个爱慕者的通信，使他回想起女友曾多次和他探讨过开放他们关系的渴望，但他都拒绝考虑。

伊朗人了解到，他女友所仰慕的是法国存在主义作家、女权运动的创始人之一西蒙娜·波伏娃。她的划时代巨著《第二性》[14]，被誉为有史以来讨论女性问题的最充满智慧的一本书，而成为西方女性必读的"女性圣经"。波伏娃和法国著名哲学家让·保罗·萨特[15]，是开放关系的先行者，他们都终身未婚，相信并践行着"合约情侣"的特立独行的开放情感关系。

1929 年，萨特 24 岁，波伏娃 21 岁时二人坠入情网。他们的约定是，彼此之间需要的不是绝对的忠诚，而是绝对的坦诚，永远不欺骗对方，不隐瞒任何事情，坦诚地分享事业、生活、以及一切情感经历。

波伏娃写道："萨特给我的是一种绝对的、永无止境的安全感。我的心灵、我的身体，但更重要的是，我的思想，收获了一个无可比拟的朋友。身体和心灵的伙伴，别人也可以做，但思想的朋友只有他。我要把每一个情人都当作唯一去爱。我会享受每一个情人能给予我的全部，我也会给予他/她我能给予的全部"。

后来，波伏娃爱上了她的女学生奥尔嘉，萨特也同时迷恋上了奥

---

14 Beauvoir, Simone de. 1949. *The Second Sex*. New York: Vintage Books, A
    Division of Random House, Inc.

15 Jean-Paul Satre

尔嘉。萨特对奥尔嘉的痴迷，激发了波伏娃的嫉妒心，使她十分痛苦。奥尔嘉说，波伏娃和萨特对我的关注，让我兴奋不已，我觉得非常荣幸，因此被冲昏了头脑。这时波伏娃的一个男学生博斯特开始对波伏娃的热恋，增加了这多边关系的复杂性。戏剧性的结果是，博斯特娶了奥尔嘉，而他们与波伏娃和萨特都保持了终身的友谊。波伏娃和萨特还是继续和不同的人恋爱，而且会因此而嫉妒、痛苦，但这一对灵魂伴侣，相知相依半个世纪，从未分离。波伏娃去世下葬时，手上戴着她的美国恋人、作家阿尔格伦送给她的求婚戒指，但她选择陪伴在萨特身边，长眠于巴黎的蒙帕纳斯公墓。

波伏娃的人生经历，是她的存在主义哲学密不可分的一部分，履践着她独立、自由的梦想。她和萨特的爱情契约，奇妙的终身伴侣关系，甚至比他们的繁多名著更具代表性。他们的故事告诉这世间所有的人，自由与爱，原来也能以这种独特的方式存在。

伊朗人被他的女友以及波伏娃和萨特的故事彻底震撼了，悔恨没有理解和支持女友的追求。并因此而拍了一部黑白纪录片，很少叙事，更多是以抽象的声音和画面，表述了他的悲伤、内心争斗和顿悟觉醒。

Don 青少年时期和父母在法国生活过一段时间，又是搞社会心理学的，熟知波伏娃和萨特的理念和经历，所以和伊朗人很有共同语言。我们有时一起去海边豪宅参加"爱的庆贺"的活动。当我坐在两个情侣之间，拉着彼此的手，大爱的心流穿越联结着我们以及所有在场人的身心，那种喜悦兴奋的灵魂飘逸之感，是言语所不能及，只能身临其境地感受。

遗憾的是，尽管比以往的自己大有醒悟，但伊朗人的进步是有限的。他常劝说我离开 Don，说他太老，不适合我，而且说我和他之间的约会没有必要告诉 Don。在我看来，这违背坦诚的原则。而且我的感受是，在多边恋的关系中，一方说另一方的"坏话"时，只能给自己减分（分析关系中存在的问题不算"说坏话"）；而一方对相关他人的善意和赞许，会给那人大大加分，强有力地增进感情。

　　Don 对我和伊朗人关系中更关注的一个问题，是伊朗人不太注意"安全性交"，有时候不愿意带套。安全性交是多边恋群体中非常重视的问题。常规的做法是，相关人都要坦诚地告知彼此的性史，是否有过任何性病，比如较常见的性器官疱疹[16]，如果有过就很难根除，不发作期也有传染的可能。同时要做性病检查（在美国是隐名和免费的），并互相交换检查结果，然后达成协议，不与其他人进行"无保护性交"。任何人如有失误，需要马上告知其他人，并暂时中止性行为进行检疫，直到恢复安全标准。

　　Don 说他年事已高（我们认识时，他 80 岁，我 50 岁），他不希望因性病缩短寿命，因为生活中有太多的美好，尤其是和我的关系。我当时分不清楚，他对伊朗人的保留，是真的因为对健康的考虑还是嫉妒心所使。Don 用药物仍可保持我们之间的性生活，而且对我来说，在情感关系中，相比情投意合而言，性总是第二位的。和伊朗人的性交虽然更自然有力，但感到的主要的是性行为；而与 Don 是做爱，更有情感心灵的满足。

　　我和 Don 一起进行了几次心理咨询。Don 的比喻是，"如果你告诉我，你为好奇心和尝试冒险的刺激，想要从金门大桥跳下去，我会尽我所能告诉你这很危险，不要去做。如果想尽一切办法后，仍无法劝阻，我会选择和你拉着手一起跳下去，因为没有你的生活对我没有意义。"他还说，万一我不坚持安全性交，得了性病，他不会因为怕感染而离开我，会陪我一起治疗，走到底，哪怕付出自己生命的代价。我彻底臣服了，他是出于真爱，不是嫉妒。

　　Don 和伊朗人对待彼此的态度，使我和伊朗人渐行渐远，关系慢慢自然结束。

---

16 Herpes

赶快去找接班人

和 Don 相亲相爱过了八年，一天早上，他突然中风倒地。抢救后生命保住了，但他坐上了轮椅，生活不再能自理。最使他痛苦的，是他失去了清醒思维和表达的能力。他感到，如果不能再为社会和所爱的人有所贡献，生命就失去了意义和质量。他想安乐死，但那时这在加利福尼亚州还不合法。记得当时 Don 很愤怒，为什么自己的生命自己无权决定？！最后，他说服了自己多年的家庭医生，进入家庭临终护理。我和 Don 一见钟情时，没有考虑过年龄差距对我意味着我可能会早早失去自己的所爱。但在和 Don 的相处中，他对生死的理性认知感染了我，使我对死亡没有太大的恐惧。我时常感到，自己的一生已经足够丰富，任何时候离去都没有遗憾。但 Don 想的是他走后，我怎样能继续生活在温馨的爱情中。

一天，他把我叫到身边，郑重其事地说，"我一生只有两个遗憾，一是认识你太晚，一是要离开你太早。你不要天天守着我，要勇敢地走出去交朋友，找一个和我一样爱你的接班人"。我愣住了，"你是可以被取代的吗？"他说，不是取代，是去吸引另一个你需要的而且真正爱你的人。不然他会走得不放心，不愿想到我生活在空窗期或孤独中。

这样的几次交谈之后，我被他说服了，开始约会。

第三章 接班人

船长

"爱的庆贺"活动中心有一个临海的室内大泳池,室外周边点缀着若干热水按摩池。这里时常举办"水中舞会",我是常客。我的身体似乎对水有特别的需求和喜好,而且水性很好。在农村插队时,沿淮河以游代步,顺流而下十余里;当兵训练时,曾身背步枪横渡长江。

在旧金山湾区,我接触到一种"浮游指压"水疗法[1],被它深深吸引。这种水疗方法要求水要有一定的咸度,水温要接近体温,目的是模拟母体子宫内的液体温度和咸度状况。其理念是,在主观意识完全放松,几乎回到母体子宫的状态下,人在成长过程中受过的身心创伤,较容易在潜意识层面得到疗愈。做浮游水疗时,经过培训的治疗师托浮着你放松的肢体在水面上,你两眼闭合,任由操作师用各种动作轻轻浮动、摇摆、或折叠你的身体。那时我会时而感到自己在舞台上芭蕾旋舞,时而感到像是被拥在母亲怀抱中沉睡的婴儿,时而感到身体某个部位被指压的力度。一个小时下来,我完全进

---

1 Watsu,是水 water 和日文指压按摩 shiatsu 两个字的组合。

入神往飘浮的状态，身心宁和愉悦。那种感觉，太不一样，太好了。我还为此接受过专门的培训，也想成为专业治疗师。可是这种疗法对水质要求太高，很少能找到合格的水池。

"爱的庆贺"的泳池，可以做一对一的浮游，也可以进行团体的水中舞蹈。水池中人不拥挤，大家都有充分的空间。而且这种活动是"clothes optional"，即是否穿泳衣均可，所以有些人是裸体的。像以往一样，我穿着泳衣下水后，先在池边静静观察。在这种场合中，我往往是少数或唯一的亚裔女性。不一会儿，一个人向我游来，礼貌地问，想浮游还是想跳舞？我说，浮游吧。他的动作手法表明他是有经验的。池边的音乐，有缓有快，不时变换。浮游后他说，跳个舞吧。后来这一晚上，好像谁也没再想换舞伴，我们就在一起，游游跳跳聊聊。他是个退休的海军军官，住在自己的船上，以后就叫他船长了。

舞会的最后一个项目是"爱的通道"[2]：所有参与者面对面站成两行，从一端开始，一个人躺在水面上，被大家推浮着穿过通道。经过大家面前时，每个人都可以用自己的方式对这个身体示爱，轻轻抚摸，亲吻，或紧握一下手指或脚趾。有顾虑的人可以不参加，在一边观看。在轻缓的乐声和温柔的灯光中，各种肤色和体型的身体，一个接一个地流走过通道，不分种族、性别、体型胖瘦，尽情享受着真诚的爱的洗礼。

告别时，船长说，我是开船过来的，愿意来船上看看吗？好奇心毫不犹豫地替我答应了。我打电话告诉 Don 和帮忙照看他的朋友，说今晚可能不回去了，让他们放心。

我跟着船长，借着微弱的月光和手电，几乎是摸着黑上了停靠在岸边的一个电动小艇，很快就开到船边。船不很大，但麻雀虽小五脏俱全，小客舱，卧室、卫生间，做饭的炉头、水池，样样齐全，怪不得他能以船为家。船长给我倒了杯红酒，放上音乐，船身随着微浪轻轻摇动，真是浪漫之极。我们相拥着过了一夜，聊了很多很多，他的

---

2 Tunnel of Love

性功能不是很强，但我并不在意，温存的肢体接触也很享受。隔着卧室顶上小天窗的玻璃，我眼望满天繁星，心中回荡着"军港之夜"的美丽旋律：军港的夜啊静悄悄，海浪把战舰轻轻地摇，年轻的水兵头枕着波涛，睡梦中露出甜美的微笑，海风你轻轻地吹，海浪你轻轻地摇....

第二天一大早，在甲板上看日出，我情不自禁地哼起："太阳跳出了东海，大地一片光彩"....金门大桥在朝阳中显得格外壮观辉煌。尽管完全沉醉在令人兴奋不已的新恋情中，我还是意识到，我的第一位的责任是 Don。船长很理解，开船送我回到"爱的庆贺"，我取车开回家，约好下星期再来。

以后，每个周末休息日不用我照顾 Don 时，和船长出海就成了我的期盼。金门大桥东北面有一个天使岛，一百年多前的移民监狱曾设在那里，现在成了博物馆。一个周末，船长约我去天使岛骑车环游，我在岛对面的码头等他来接我。远远的，一面扬着白帆的小舟，在粼粼闪光的海面上，朝我的方向缓缓驶来，渐渐靠近码头，船头印着拉丁文"海熊号"。什么人有这样的好运？周围的人不禁向我投来好奇羡慕的眼光。在众目睽睽下，健壮的船长伸出他有力的手，把我拉上船，我们乘风破浪向天使岛驶去，任海风吹拂着我的头发和面颊。船靠岸后，我们把自行车拿下来，环岛骑游。在必经的移民博物馆暂停参观时，还能看到墙上残留的当年被囚禁的华人移民刻写的诗句。置身于两重天地，很难把这么美丽的地方和那么残酷的史实联系在一起。

船长带我去过的另一个神奇的地方，是离金门大桥约半小时车程的斯汀森海滩[3]。每半个月海水退潮时，一个海底温泉的泉眼会暴露出来，知道这个秘密的"自然主义者们"[4]会聚集在这里，享受身浸太平洋的温泉浴。有时有的嬉皮士会在泉眼里撒些玫瑰花瓣，使情

---

3 Stinson Beach
4 Naturalists, 大多崇尚裸浴。

景更浪漫。最难得的是，一次我们赶巧，泡在温泉里，同时观赏到了一边日落，一边月出的奇景。

我的一个房客室友在餐馆打工，住在我家，我出去时她就帮我照看 Don。她知道我和船长的关系，听说这个海中温泉后，她表示希望能和我们同去一次。因为潮退时间较早，怕早上出发赶不及，我们决定前一天下午去，在海边搭帐篷宿营，请另一个老墨朋友照顾 Don（老墨是中国人对墨西哥人的别称）。室友也有很强的好奇心，从未有过三人行的经历，很想尝试一下三个人住一个帐篷的滋味。我事先已和船长打好招呼，她的家人还在国内，已分开很久，要好好关照她。室友是做饭的高手，准备了一顿丰盛的海边野餐，之后我们三人牵手，在沙滩漫步，身后留下几行清晰的足迹。

夜幕降临，我们进了帐篷，船长躺在中间，展开双臂，把我们拥在怀里。他说自己真是世界上最幸运的男人，有两个美女陪伴。这也是他第一次三人行的经历，开始时有些不知所措先照顾谁好。我往室友的方向轻轻推推他，他明白了，他俩亲热后，再来关照我。夜幕星空，浪涛拍岸，我又一次体验到了由衷的同喜的愉悦。

有一个周末，船长说这星期不能出海，不久前分手的女友在外州生病，他要去探望，我嘱咐船长替我转达对她的关切和问候。船长回来后，带给了我一封他前女友写给我的长信，诉说她对船长深切的无法割舍的爱，而且说她知道船长对我的感情，也知道我的多边恋的态度，可以与她分享对船长的爱。但她的宗教信仰和切身的感受无法接受这种选择，所以希望我能把船长完完全全地交还给她。这对我并非晴天霹雳，我在和船长的接触中逐渐感到我们之间的不协调之处。比如完全相反的政治取向，我支持民主党，他倾向共和党。尽管不像在国内，政治观点不同可能不共戴天，我们之间尽量避免谈论政治，但不时有所流露，还是能感到由此产生的情感上的距离感。我很感激船长在这一段时间给我的关爱和那么多的乐趣，可是和 Don 相比，没有在精神和心灵层面情投意合的感觉。既然清楚了不是我的归宿，为什么不成全他俩呢。我诚恳地给他的女友回了一信，完璧归赵，不会再干扰他们。

船长很感动，提出再最后出海一次。那天，天格外晴朗，他把船开到旧金山湾中间，面对金门大桥停下来。深红色的桥体在蓝天白云的衬托下，显得格外庄重宏伟。船长郑重其事地说，我对你只有一个请求。我听你讲过很多你的经历和故事，在中国的，在美国的，你一定要把这些写下来。你不是说想做东西方文化和中美之间的桥梁吗，你的书就会是一座桥，也许不像金门大桥这样举世闻名，但它是独特的，你的心路之旅和与他人连接之桥。我说，我又不是作家，从来没写过书。他坚持说，我知道你的文笔，你行的；你应该献给世界这样一本书[5]。还开玩笑说，你不答应，就游回去吧。分别时他最后长长的深深的一吻，锁定了这一许诺。

我坐下来，开始提笔。那时我已经停止工作，全职照顾 Don。他像一个很乖的婴儿，很省心，不哭不闹，一日简单三餐，两次坐轮椅在院子里转转，大部分时间都安静地躺在床上。我的书桌就在他的屋外，敲打电脑时随时可听到他的动静。几年后，我的第一本英文自传问世，书名是《驴娃娃：从北京到伯克利及更远》[6]。Don 听说我在革命根据地出生后，是驮在毛驴背上跟着解放军进北京的，就给我起了个外号"驴娃娃"。这本书是给我自己 60 岁生日的礼物，回顾了我约 30 年在中国，30 年在美国的人生经历。书中致谢名单中的第一位，就是鼓励我写书的船长。

现在我在着笔撰写的这本有关自己多边恋的亲历和思考的书，是我的第三本自传体著作。第二本出版于 2019 年，是给我自己 70 岁的生日礼物，书名《海岛乐园余热重燃》[7]。用叙事散文诗的形式描述了我退休之前回国工作三年，和退休定居到夏威夷花园岛之后的

---

5 You owe this world a book like this.
6 *Donkey Baby, from Beijing to Berkeley and Beyond.* 2008 by AuthorHouse.
7 *Re-Fired in Paradise.* 2019 by Outskirts Press. 这两本书在英文的 Amazon 网站均有出售。

多彩生活。前两本书是用英文写的，这本书决定用母语写，以便更顺畅地与懂中文的读者沟通。我从自己写作的经历体会到，其实每个人都有自己独特的故事，只要有足够的动力和自律，静下心，每天坐下来，笔耕几个小时，敞开心扉，你的故事和心声就会自然而然汩汩流出。

爱情与政治

船长之后，我又试过一两个人，都不合适。我约会中的喜怒哀乐成功失败，Don 都是第一个知情者。他总是说，要有信心，有耐心，你一定会吸引到你所需要的人。我感谢他有这样的真爱，让我在他生命的最后时刻去尝试。他说"为什么要感谢我？这是你自己与生俱来的权利，我要用我全部的生命为你赋权[8]，增强你的权利意识和自信心。"

偶然在网上得知，湾区的多边恋团体要在 9.11 恐怖袭击事件两周年之际，举办一个讲座研讨会，题目是"爱情与政治"。这两者如何相关？和 9.11 有什么关系？好奇心驱使我一定要前往。活动在旧金山市中心商业区，一个高层大厦里的电脑公司会议室举行，有二、三十人参加，大多是年轻人。主持人是大家熟知的湾区性少数群体的组织者，绰号薄荷糖，20 多岁，是多边恋二代，他父母都是活跃的多边恋践行者。他这天开讲的题目，是法国哲学家和社会思想家福柯的名著《性史》[9]。

讨论发言中，一位满头银发的英俊长者，侃侃而谈。说性少数群体应该积极参政，竞选公职，把爱的精神注入政策制定中；在生活上，要勇敢地按照自己的价值观做真实的自己。他还说，像 9.11 这样由仇恨所致的悲剧，不能以眼还眼，只有爱的情怀可以化解仇恨，

---

8 To empower you with all my life.
9 Foucault, Paul-Michel. 1976. *The History of Sexuality*. New York: Vintage Books.

并激烈抨击了美国借 9.11 发动伊拉克战争的错误政策。他是这一圈年轻人中最年长的，但发言最积极。他对政治、人生和爱情的看法激起了我的强烈共鸣。但我们坐在大长桌的两端，无法交谈。会议结束时，已近中午，该回家接班了，照顾 Don 的室友要去上班。我走到那位长者面前，要了他的姓名和联络方式，便匆匆告辞。

回到家，我兴奋地与 Don 分享会议的情况。9.11 之后，我听到 Don 的第一反应是，"美国应该好好检讨自己的外交政策，为什么会引起穆斯林国家如此的仇恨。"我也告诉了他使我印象深刻的那位发言者，他鼓励我积极跟进。

照顾 Don 吃了饭休息后，我坐在电脑前，给那位发言者，他叫莱诺，发了邮件，简短说了我的感受，并直截了当地问他，他个人情感关系状况如何，是否单身。很快收到莱诺的回复，说我的单刀直入，令他耳目一新，并说他是单身，希望更多地了解我。从邮件往来中看出，他的文笔很好，能说又能写，对我很有吸引力。他介绍自己在 80 年代曾两次竞选过民主党的国会议员，竞选纲领是反对在加州海岸开采石油，和支持同性恋者的权利。当时的竞选经费只有两千美元，大都是志愿者的支持，包括高中生。莱诺虽未当选，但获得了 30% 多的选票。他希望我说说自己，我说太复杂了，从中国到美国，到法学院，到新加坡，又回来美国。"这样吧，我的自传初稿刚刚完成，我发过去你自己看吧。"

他看了之后，急切地说要见面，爱慕之情已一发不可收拾。他开始天天给我写情书。我也知道自己好像终于有了归属感。越是这样，我越想在肢体接触之前，有更多情感和精神的交流。两个星期之后他再也坚持不下去了，我也迫不及待地希望见面。他住在离我约一小时车程的老人公寓。这期间我已告诉了他 Don 的情况，说如果愿意继续交往，他要跟我回来，与 Don 见面。对于有多年多边恋经历的莱诺来说，这太理所当然了，一点儿都不是问题。

因为电子邮件的交流中已熟知彼此，见了面果然一拍即合，他深沉、温存的拥抱和亲吻融化了我。我在他那过了一夜后开车带他回我家，Don 已坐在轮椅里等候。可能因为已经听我详细说过彼此的情况，他俩也好像一见如故，交谈的津津有味。一个说，其实我们有很多共同点，第一、都是出生在纽约；另一个接，都是二战老兵，一个空军，一个陆军；还有，都有法国背景，一个妈妈是法国人，一个在法国上过学；而且都和心理学专业有关，一个曾是心理学教授，一个曾在斯坦福大学出版社编辑过心理学教材；再有，也是最重要的，我们都爱同一个女人，而且一眼就知道是个难得的宝贝[10]。他俩一唱一和，说的我心花怒放，真觉得自己是世界上最有福的人！莱诺还自告奋勇成了我第一本自传的责任编辑。

　　我在自己家和莱诺住的老人公寓两边跑得很辛苦，就建议他搬来我家，和我一起照顾 Don，他俩都欣然同意。就这样，我们一家三口（我，Don 和小儿子）变成了一家四口。小儿子那时十二岁，刚上中学。学校就在家对面，他还懵懵懂懂的不太过问大人的事，天天忙着上学、踢球，只要有吃有喝有人爱，也不多问。大儿子已上大学，其间还去海军陆战队当了一年兵，觉得不喜欢，又回来上学，在伯克利大学建筑系。他知道老妈和别人不一样，也习惯了。比如别人的妈妈，严格禁止孩子抽烟喝酒；他老妈说，如果非要干坏事，就在家里老妈眼皮底下作（zuo），别出去惹祸被抓。两个儿子都告诉过我，说他们朋友说"你妈妈真酷！"（指随他们折腾）。他们对我不一样的选择，好像没有太强烈的反应，或许是我太忙于自己的生活，跟他们沟通不够，不了解他们的感受？记得 Don 去世后，小儿子对我说过，我刚费了那么大的劲跟同学解释清楚，那个每场球赛和我妈妈坐在一起看我踢球的老人是谁。现在他走了，你怎么又找一个老的，这次我都懒得再说了。你为什么不找一个年轻一点，有钱的，又爱踢足球的？

---

10 A rare and precious gem

多边恋与家庭和孩子

早在 1977 年就有专题论文，比较了传统权威式家庭，较平等的民主式家庭，以及由开放关系组成的开放式家庭[11]。

随着这几十年来的逐步发展，多边恋形成了多样化的格局，且各类形式的组合都有专门名称[12]。比如，较常见的三人行中，一人的两个情侣，一个为主[13]，一个为辅[14]，是排序分明的多边关系[15]；地位权力相对平等的称为非层次多边恋[16]；三人行中的一人有两个情侣，而这两个情侣之间选择彼此不交往，称为平行关系多边恋[17]；或者一对情侣中一个选择多边恋，另一个保持一对一单偶，称为单偶-多边关系[18]；还有以自己为主体，同时与多人约会，但不与任何人确定情侣关系，称为单体-多边恋[19]；另外还有松散的亲密网，多边恋者彼此相识，可以围桌畅谈，或共同参加聚会，作为有共同信仰的情感支持群体，称为圆桌或花园派对多边恋[20]。在这彩虹般光谱的另一端，是选择完全没有标签和排序等级的无政府主义多边恋[21]。但贯穿各种类型的共同关键词是：坦诚、自由选择和所有参与者的认可。

第一本以"多边恋"命名的书的作者安娜波尔博士认为：

"父母都需要工作，或者是单亲家庭，无法给予孩子全天的关爱，而高质量的托儿机构既少又贵。哪怕是最好的小家庭也容易造成不

---

11 Constantine, Larry L. 1977. "Open Family: A Lifestyle for Kids and Other People." *National Council on Family Relations*, Vol.26, No.2.
12 Hope, Rachael. 2020. *"Demystifying the Types of Polyamorous Relationships"*. Polyamory Today, medium
13 Primary
14 Secondary
15 Hierarchical poly
16 Non-hierarchical poly
17 Parallel poly
18 Mono-poly relationships
19 Solo-poly
20 Kitchen table or garden party polyamory
21 Poly anarchy

健康的过度依赖关系，在很大程度上助长了家庭暴力和青少年反叛等社会问题。而若干彼此有承诺的负责任的成人组成的开放式家庭，有潜力提供更多关爱，以满足孩子们在物质、智力和感情上的需要。也就是说，孩子们没有失去亲生父母的关注，而是有了新的叔叔、阿姨或继父母。同时，由于分担家长的责任，可以减少压力和疲劳，而又不失去家庭生活的乐趣。在延伸式大家庭中，很可能有一两个人愿意并且能够专职料理家务，或者每星期轮流在家一两天。如果一个家长残疾或去世了，其他家庭成员可以弥补空缺。在这样的群体环境中，孩子们会有更多的榜样，更多的玩伴，更多的爱。多边恋通过扩大家庭的范围，为重新振兴家庭提出了新的希望。"

她还说：

"我们不可能回到旧日的部落和家族大家庭中去，但我们可以往前走，创建意向家庭，其成员下决心培养教育健康的孩子们。因此，多边恋有助于创建稳定的关爱家庭，使孩子们在安全和爱的环境中成长[22]。"

2019 年，一个在多边恋家庭中出生和成长的 00 后，出版了自己的故事《这颗心包容多多的爱》[23]。作者 Koe 形容自己是非二元性别的酷儿[24]。她的童年和青少年在多边恋群体中度过，生活在美国西海岸的西雅图郊区。若干家大公司，如微软，亚马逊，波音，好市多[25]的总部都在西雅图附近，是人才集中、比较进步开放的地区。她出生和成长的这个多边恋族群持续了近四十年，至今仍有二十几人，大人孩子参半。她称为父母的有五个人，包括她的亲生父母和父母的情侣们。她跟别人解释家庭关系时，总要有笔有纸画图，还不一定能说清

22 Anapol, Debrorah. 1997. *Polyamory: The New Love without Limits.* California: IntiNet Resource Center.
23 Creation, Koe. 2019. This Heart Holds Many： *My Life as the Nonbinary Millennial Child of a Polyamorous Family.* Portland, OR: Thorntree Press, LLC.
24 A nonbinary queer
25 Costco

楚。Koe 现在是专门从事青少年性教育的社会工作者。她在书中描写了大人们之间的矛盾冲突，她的反叛，及与兄弟姐妹和周边朋友的关系。她的结论是：

"与五位多边恋的、对性持积极态度的父母和很多阿姨和叔叔一起长大的好处之一是，我经历目睹过各种关系，从极其可爱到令人心碎。不过，最重要的是，十几位成年人的支持和关爱，为我和我的兄弟姐妹创造了一个健康良好的家庭氛围。我的童年是无限的爱的祝福，我从多元家庭中学到了许多沟通技巧，使我在面对复杂且经常被误解的身份时，能够坦然应对和富有同情心。"

告别

Don，莱诺和我共同幸福生活了近六个月。一次我们一起看电视，Don 坐在轮椅上，我和莱诺偎依在沙发上。过了一会儿，Don 突然对着我说，"可是你是我的妻子呀！"我说，"是呀，我是你的妻子"。这时我意识到，在他神志不完全清楚的情况下，可能我和莱诺比较亲近的画面刺激了他。我起身过来搂着他的肩膀，亲亲他，对他轻轻耳语，"我们都在这里陪伴你。"然后搬一个椅子，坐在他旁边。以后我们特别注意不在他面前亲热，毕竟他现在是病人。

在多边恋关系中，坦诚沟通、彼此体谅非常重要。同理心、共情、或换位思考的能力[26]是人和其他动物的主要区别之一，也是多边恋关系中不可或缺的润滑剂。有人说，多边恋是人际关系尤其是亲密关系的研究生课程。先要有较好的一对一的关系为基础，在这牢固且松软的温床上，才好再开出其他多样的花朵，而滋养这基础温床的最需要的养分是共情和沟通。如果没有良好的一对一的关系做基础，和在这种关系中培养磨炼的沟通能力，就去尝试多边恋，有如拔苗助长，让

---

26 Empathy.

中小学生去读研，失败的概率会很高。

　　在人与人的关系中首先需要的是自我觉知。越能及时敏锐地觉知自己的内心活动和感受，就越能推己及人，及时敏锐地体察觉知他人的感受。觉知他人特别是情侣的感受后，有了理解和恻隐之心，就愿意主动去满足他/她的需要。在感受到一方可能的嫉妒心时，最有效的反应是及时给予安慰和保证[27]，即，不会因为新的感情而遗弃或离开他/她，从而解除他/她的疑虑。

　　我很幸运的是，我第一次进入比较稳固的多边恋关系的两位情侣，Don 和莱诺是多边恋的开拓者和老前辈[28]，而我是有灵性的好学生。我站在他们的肩上看世界，他们带领我往前走，我们能融合友爱相处就很自然，没有什么痛苦的挣扎。我们都把多边恋作为自己精神灵修的路径。精神灵修对我们来说，意味着增强自己感受爱和给予爱的能力，增强自己与他人和世上万物紧密相连的认知，和增强自己活在当下的意向和努力。

　　我和莱诺的房间在 Don 的卧室隔壁，Don 睡在医院提供的病床上，旁边有一张单人床，我根据自己的感觉和他俩的需要，有时陪伴Don，有时陪伴莱诺。有一种理论认为，在亲密关系中，如果女性有主动权，即女性本位主义，男性配合[29]，关系会比较融洽。这也包括性活动，以女性的需求、快感和满意为主导。难怪有言道："女人快乐了，大家都快乐"；"妈妈高兴了，全家都好过"。人类原始状态就是母系氏族，女性更有全局观念和协调技能。Don 和莱诺都是崇尚女性主义者，我也很喜欢他们身上的温柔、和善等女性特质。

　　莱诺最推崇的书之一是《女性的天然优越性》[30]。书的作者是一

---

27 Reassurance

28 Mentors

29 The woman calls the shots, and the man responds. 这里说的女性本位主义是指 "female-oriented relationship"，而不是更有虐恋含义的 "female-led relationship"。

30 Montagu, Ashley. 1952. *The Natural Superiority of Women*. New York: Collier Books.

位人类学家[31]，他从生物学、遗传基因、人体构造等角度说明，女性的染色体 XX 比男性的 XY，多一个分枝，是更牢固的结构，也承载着更多的智慧基因，因而具有更强的处理复杂局面的能力。这本书是当时唯一的一本由男性撰写的女权主义著作，连续再版五次，直至他 1999 年去世。作者在前言中特别强调，破解长期把女性视为"较弱的性别"[32]的迷思和谬误，是为了纠正向男性倾斜的社会不公，使两性的价值和社会地位更平等，两性之间能更加理解和互爱。

在 Don 和莱诺的熏陶鼓励之下，我的女性意识不断增强。记得有一次，Don 的身体还可以出去时，我们三人一起在餐馆吃饭，谈起了人与人之间"独立""依赖"和"相互依存"的几种关系模式[33]。谈到我们三人的关系时，我用餐巾纸画了一个三角形，说我的理解是，Don、我、莱诺三个独立的个体相互依存，构成了三角形牢固的基底边。Don 和莱诺是两条有力的边线，我是这两条边线聚焦的顶点。他俩以我为中心支撑我，我聚集的能量向他俩辐射传递，所以我们的关系稳固和谐。我的答卷得到了两位良师的高度赞赏。

莱诺是热衷投入的环保主义者，为减少碳排量，积极倡导使用公共交通工具代替一人一辆的小汽车。他每个月组织一个 10 来个人的旅游团，用轮渡船、火车、公交和步行，周游旧金山湾区的主要景点。一次 Don 听说莱诺又要组团环保游，问他可不可以参加，我和莱诺都喜出望外。我用轮椅推着 Don，他仍旧带着他的标志红色贝雷帽，跟着莱诺举着的黄色小旗，和大家一起周游了湾区。

这是 Don 的最后一次出游，不久后他就在一天夜里安然告别人世。Don 过世时，我和莱诺都守在他身边，我握着 Don 的手，莱诺拥抚着我的肩，我们的灵魂同时升空，融入宇宙间那充满大爱能量的

---

31 Physical anthropologist
32 The "weaker sex"
33 即独立的个体（individuals），超越独立（independent）和依赖（dependent）而形成的相互依存（interdependent）的新型关系。这几种关系中最不好的状态，是不健康的相互依赖（co-dependent）。

星尘气层....

一个活了很好的人生，在满满的爱中平和地结束了。瑞士心理学家荣格的一个重要贡献，是关于"集体潜意识"的学说[34]。Don、莱诺和我都希望，在多边恋关系中体现和激发出的宏大的博爱精神，能够逐渐进入人类的集体潜意识或基因密码，成为强大的爱和疗愈的能量[35]。

几周之后，又是在"爱的庆贺"－我和Don相识、后来又举行婚礼的地方。为他开了一个别开生面的追思会，包括了关爱他的人和我的情侣们。生命之爱延续着[36]。

多边恋给了我力量和支持，能够较平稳地应对失去挚爱的伤痛，这似乎也成了我在多边恋实践中的规律，在情感关系发生变更时，如情侣患不治之症，我的多边恋倾向比较活跃；而情感关系比较稳定，情感需要比较满足时，我在行动上则不那么活跃。但明确知道，这扇门永远是敞开的，这是我和情侣永远都有的权利，自己不应放弃，别人也不能剥夺；至于如何使用，要看自己的需要和双方的认同。

钱的问题

多边恋中的经济关系安排是多种多样的，只要所有相关者协商同意即可。我和Don的关系中基本是AA制，我在房租上还会多负担一些，因为是我和小儿子两个人。

和莱诺接触一段时间后我发现，每次我们出去都是我花钱，他从不主动付款或AA制。时间长了，我不免产生疑惑，感到心里不平衡。但不知为什么，对我来说，开口谈钱比谈论性还难。如果我借别人钱，会记着尽快还；但别人借了我的钱，就不好意思开口要。至今

---

34 Collective Unconsciousness. C.G. Jung (1875-1961).
35 Loving healing energy
36 Life goes on; love goes on.

都没太搞清楚，这是什么潜意识的结果：钱不干净，是万恶之源？谈钱是小气，不大方？

在多边恋中，和任何人际关系一样，沟通是关键。两个人之间沟通不畅时，需要求助于他人，尤其是专业人士的帮助。我约了以往给我和 Don 做过咨询的凯西，她有两本有关多边恋的专著[37]。莱诺欣然与我前往。咨询师帮我问出了我难以启齿的问题。通过交谈我才了解到，莱诺从小家庭生活拮据，父亲是火车修理工，有赌博的陋习；母亲在教会弹琴，收入很少，基本是义务服务，他们每个月都要为房租发愁。莱诺自幼酷爱小火车，美国玩具火车的商标就是莱诺[38]。不知是因为他父亲和火车打交道，所以给他起了这个名字，还是因为他妈妈是法国人，Lionel 是法语狮子这个字后面加个小尾巴，小狮子的意思。一次，妈妈答应他过圣诞节时给他买个玩具小火车。他盼星星盼月亮，等着过节时拆开礼物的惊喜。为了不让他太伤心失望，妈妈前一天晚上告诉他，因为要交房租，钱不够买小火车了，只好买了一本小火车的画册。

他还记得，他们的房东曾经用一万美元的低价，要把他们租的房子卖给他们，可是他们付不起，只好又搬家。莱诺深深记得他妈妈站在搬空的房子中间，周围是打好包的箱子，暗暗抽泣。他大学毕业后在斯坦福大学出版社工作了几年，后因与老板合不来而辞职，做撰稿和编辑自由职业者，收入不固定。所以他退休时领取的社保金只有每月 800 美元，外加 60 美元的二战老兵补贴（二战老兵，每月 60 美元？太不可思议了！但事实就是如此。）

我终于明白了，童年的经历加上老年的有限收入，使他经济上的不安全感很强，又难于启齿。情况清楚了，我们和咨询师一起探讨解

---

37 Labriola, Kathy. 2010. *Love in Abundance: A Counselor's Advice on Open Relationships.* Oregon: Greenery Press.
  Labriola, Kathy. 2013. *The Jealousy Workbook: Exercise and Insights for Managing Open Relationships.* Oregon: Greenery Press.
38 Lionel

决办法。我提出，按照共产主义"各尽所能，各取所需"的原则，莱诺每月留下 200 美元零花钱，剩下的"全部交公"，由我支配。我还在工作，有足够的收入支撑这个家的房租、水电及相关开支。莱诺的所付可能不够他费用的份额，但解除了他的心理负担和忧虑，对我的开销也是有益的补充。两相情愿，使一个尴尬的局面得到理解和妥善解决。这种安排一直维持到他过世，我们再没有为钱的事别扭过。我认识莱诺时，他连护照都没有，从来没离开过美国。我们在一起的岁月，游历过中国（包括西藏、香港）、尼泊尔、日本、泰国、越南、柬埔寨、法国、英国、德国、奥地利、捷克、加拿大等国。莱诺广博的历史天文地理知识，对文学艺术的强烈兴趣和感受，加上我的尽管不丰厚但足以支撑的财力，使我们共同度过的近 10 年的时间，充满乐趣。

小花絮

从情感关系变更中的多边恋活跃期，到相对风调雨顺的平稳期，时而穿插着小花絮，为本已甜蜜的生活添加调料，也促进自我提升。这种学习与成长是我人生最大的乐趣。

莱诺和我都没有换偶或群体性交的体验。但在影视上看到过，英国和美国等国家都有常设的换偶俱乐部，布置很高档，参与者也一般是中产阶级受教育水准较高的人群。有的是认识的人结伴而来，多数是未曾谋面的陌生者。有时大家会把车钥匙或房间钥匙放在一起"抓纠儿"，随意组合。俱乐部有明细的"行为准则"，在预定时就发给参与者。现场也有保安，所以秩序很好。还有人写了一本专著《与陌生人同床共枕：换偶中的自我发现之路》[39]。

莱诺和我在网上看到一则相关活动信息后，决定去尝试一下，并

---

39 Donatello, Casey. 2018. *In Bed with Strangers: Swinging My Way to Self-Discovery.* Jefferson NC: Exposit Books

事先商量好，任何一人感到不舒服时，就及时示意另一人需要离开。活动通知中也有规则说明，任何行为需征得同意，安全性交，无毒品，无暴力语言或行为等。那是在旧金山市著名的同性恋聚集的卡斯特区的一座大宅子中，楼下是客厅，人们在寒暄交谈。我们走到楼上，一下就惊呆了：一个宽敞的大房间里，地毯上，沙发上，床上，几乎躺满了裸体者，同性、异性之间亲吻、相拥、性交，无所不有。我和莱诺靠墙站着，忐忑又好奇地看着前所未见的"西洋景"。一会儿，一个男士彬彬有礼地邀我上床。他问了我，我点头之后，他轻轻脱去我的内衣，扶我躺在床上，开始爱抚我的身体，感觉挺好的。莱诺毕竟年纪较大，性功能有但不很强，我也没在乎过，因为很享受亲密无间的肢体、情感和精神的融合。但是当一个自然强硬的阳具缓缓嵌入来回移动时，像旱田骤遇久违的甘露，感觉好极了。高潮后两人都沉浸在松弛的恬息中，隐隐感到有人轻轻拍我的肩膀，微睁开眼睛，看到莱诺示意他想离开。我与那位男士匆匆交换联络方式后，和莱诺走出了那栋门面不起眼，但里面千奇百怪的神秘建筑。

在回家的路上，莱诺告诉我，可能是因为年纪关系，根本没人搭理他。在那种场合，女性本来就少，大多是年轻力壮的男性，他觉得那么孤独无助。事先有商定，届时能换位思考，体谅对方的感受，心悦诚服地遵守约定，是融洽的多边恋关系的保证。

虐恋尝试

在"换偶群交"中遇到的那位男士之后联系我，问是否有兴趣参加在他家的一个只有三个人的虐恋小派对。我是从李银河 1998 年的《虐恋亚文化》一书中接触到这个概念的，但从未有过亲身经历。如以往一样，在安全和风险的博弈中，好奇心占了上风。

他家在硅谷附近的一个小山上，绿树丛中一座几乎全透明的玻璃温室式的建筑，即开放又隐秘，使人感到身处大自然中的自由放松。三人先坐在树荫遮照的阳台上裸聊，自己对虐恋的认知、经验、对此次的期待，以及各人扮演的角色设计。

他俩似乎对这一游戏已有经验，但很少有女性参与。我清楚告诉他们，这是我的第一次。对虐恋的理解我只能简述从李银河的书上学到的概念，没有实践经验。只知道虐恋"是一种将快感与痛感联系在一起的性活动，或者说是一种通过痛感获得快感的性活动....痛感有两个内涵，一是肉体痛苦（如鞭打导致的快感），二是精神的痛苦（如统治与屈从关系中的羞辱所导致的痛苦感觉）[40]。"

他俩基本同意这一定义。我强调的是游戏规则，一定要征得同意，并且规定叫停的语言和手势，如：红（停），黄（减弱），绿（可继续，并增加强度）；全掌伸直（停），四指合拢弯曲摇动（减弱），拇指竖起（可继续，并增加强度）。

大家决定尝试鞭打和捆绑作为肉体痛苦的游戏设计。身为有经验的游戏者，他们备有多种形式和质制的鞭打和捆绑工具。精神痛苦的角色扮演情节，他俩一人提出一个建议，一是监狱犯人与看守的狱卒；一是被父亲虐待的女儿。我同意尝试犯人与狱卒，但不同意扮演父女的情节，因为与我的亲密父女关系的现实相距太远，且这个意念让我很不舒服，于是他们修改为邻居与幼女，大家并决定轮流扮演施虐者或受虐者。肉体和精神羞辱均有的情节设计是，受虐者躺在浴缸里，施虐者在其身体上尿尿。

我按着既定规则和他们玩下来，除了适度的鞭笞会有一定的快感，和在浴缸里脸朝下时，感到背后有一股热流流过，不去想那其实是什么的话还可以接受以外，并没有感到太多的由痛感或羞辱感引起的快感。

一天下来，有点身心疲惫，突然外面大雨倾盆。我和莱诺的约定是不在外过夜，我给他打电话商量怎么办。他说他熟悉那段山路，下

40 李银河.1998.《虐恋亚文化》.北京：今日中国出版社。

雨开车太危险，如果我觉得他们是可以信任的，就明天雨停了再回来。有自己情侣的体贴和信任是很好的感觉。

来之前我和那位男士已经说好，只试虐恋，不搞三人行性交。他们很守信，毫不勉强，给我准备了一个舒适的床铺。我躺在床上，听着屋外电闪雷鸣，雨点敲打着玻璃屋顶，嘴角露出一抹微笑，我的又一个好奇心得到了满足，而且我知道了，那不是我的菜[41]。

萝卜白菜各有所爱。我骄傲地说，我的中学学妹李银河，与我的口味和选择很不一样（没有好坏、对错，只是不同）。她是中国性文化的启蒙者，不仅以她的《虐恋亚文化》一书，填补了中国虐恋文化研究的空白，使越来越多的中国人知晓虐恋，更可贵的是，她极其勇敢真诚地用小说和我们分享自己的虐恋性爱经历。虐恋是贯穿她一生的元素，她无法改变的倾向和心理情结。她对性的感觉永远是和痛苦与羞辱联系在一起的。虐恋成为她终身研究和写作的动力。她说，只有虐恋小说给她写作的冲动，其他的写不出来[42]。她不仅是严谨的社会学家，也是极富想象力的文学创作家，在此热烈推荐她的虐恋冲动结晶的虐恋小说集。

虐恋和多边恋都是非主流的小众亚文化。中国性压抑的文化传统，对两者都有很多曲解和偏见。如把虐恋与虐待、暴力混淆；把多边恋与乱搞、出轨、婚外情等同。其实，虐恋的核心原则是自愿与尊重，多边恋的核心原则是分享与坦诚，都是在超出安全、温饱、生育繁衍等基本需求后，对人性以及人对性的自由选择，对真善美在更高层次的开发与进化。

双性恋者的心声

莱诺告诉过我，他是双性恋者。他的第一次婚姻中，妻子和他都

41 Not my cup of tea
42 澎湃新闻 2015.9.17

是纽约一个业余剧团的成员，妻子是演员，他负责灯光布景。后来妻子爱上了导演，他也尊重、喜欢那个导演，就同意了离婚，而且搬得远远的，从美国东海岸的纽约搬到了西海岸的旧金山湾区，在斯坦福大学出版社任编辑。

一次，那个导演来旧金山湾区一个戏剧学院讲学，邀莱诺去他的住所小聚。导演安排的时间使莱诺只能在那里过夜，而且没有给莱诺安排单独的房间，他俩好像是结果不得不睡在一个床上。那天夜里发生的一切，使莱诺第一次尝到了与同性男友相爱的滋味，也意识到了自己是对女性和男性都有性爱兴趣和能力的双性恋者。

一天，莱诺从外面回来，兴奋地递给我一本书《走出来－世界双性恋者的心声》[43]。这本书收集了 30 几个国家 150 多位双性恋者撰写的自己的亲身经历，其中有四、五位撰稿者来自中国。更有趣的是，莱诺也是撰稿者之一。我迫不及待一口气读完，被撰稿者们的坦诚和勇气深深打动。回想起在那个"爱情与政治"的研讨会上第一次见到莱诺时他说的，要么积极参政，把爱的精神注入政策的制定，要么按照自己真实的价值观去生活。他身体力行，两者都做到了：竞选过联邦众议员（尽管未当选），也在勇敢地做自己。

书中一开始对什么是双性恋作了详细的讨论。字典的简单定义是，"和两种性别的人均有性关联"。书的主编和主笔人萝彬认为，有必要对"性行为"和"性取向"加以区别[44]。有的人曾与一种性别以上的人有过性经验，或只是曾有过兴趣，可以说具有双重性取向，但不一定被界定为是双性恋身份。反之，也有些人不论其性经验如何，而认定自己是双性恋者，而且对自己性身份[45]的认定可能随时间

43 Ochs, Robyn and Rowley, Sarah. 2005. *Getting Bi, Voices of Bisexuals Around the World.* Boston: Bisexual Resource Center.
44 性行为英文为 Sexual behavior; 性取向英文为 Sexual orientation。
45 性身份英文为 Sexual Identity。性身份主要指对自己性别的认知，如女性、男性、非二元等；性取向主要是对自己爱恋形式的认知，如异性恋、同性恋、双性恋、多边恋等。

而改变。

萝彬写道："我所得到的每一点新的认知，都在改变我对双性恋定义的解释。我现在采用的新的定义是：'我称自己是双性恋者，因为我承认我自身中有被不只是一种性别的人在感情上或性上所吸引的潜在可能；不一定是在同一时间，以同样的方式，或是同样的程度'。我的这个定义肯定也会随着我的知识和经历的增长而继续变化"。[46]

莱诺在他的文章中描述了，如何在成长过程中确信自己是异性恋者，但有时感觉自己"不太规范"，直到和那位导演的第一次的快感和顿悟。他说：

"当我把他放进我的嘴里时，好像一扇门打开了，通向我失去的另一半的性感，其实是另一半的我。我终于见到了自己女性的一面，全身心地去拥抱她，细细地品味她，庆贺她....我不觉得自己身体的性是错误的。我喜欢自己的男性躯体，就像我喜欢我所爱的女人（们）的身躯。也许明年我的感觉会不一样，但现在我很高兴自己是一个具有女性素质的男人。"

每当我看到一本鲜为人知的好书，都有一种翻译的冲动，希望与更多的人分享。这次也一样，经编辑同意，我很快将《走出来－世界双性恋者的心声》译成了中文。听说李银河要出版一套介绍性少数群体的普及读物《酷儿丛书》。那时是 2005 年，看到她的书单里没有有关多边恋和双性恋的书，就将我已译好的这两本推荐给她，填补两个空白，她欣然接受。后来听说由于比较严格的审查制度，这套丛书一直未能问世。

我知道自己是"直女"，但也尝试过自己是否能对同性也产生爱恋。

---

46 同上, Ochs (2005)。

史无前例的文化大革命撕破了一切面纱，我才知道，在我就读的女校中，同性恋如此普遍，从老师到同学。我也被一个同班女生热烈追求过。开始时，只是放学后她不想让我回家，老要和我聊天到很晚。文革后，我成了"黑五类"，她是红卫兵，我们就不说话了。一天接到通知，毛主席晚上有"重要指示"发表，大家都要住在学校宿舍里准备夜里上街游行庆祝。宿舍里床不够，要两人合睡一床。不知她是有意的还是凑巧，我俩睡在了一起。半夜她突然抱住我热吻，说对不起我，不应该参加斗争我等等。我很震惊，不知所措，轻声说那些事就不用提了，但还是本能地推开了她。之后我们又谈过几次，每次她都要拥抱亲吻我。她说她从来没有对别人有过这种感情，我说我很抱歉，感觉实在没法接受。她彻底失望后，就第一批报名去插队了，说是要"改造自己的小资调"，尽管按她的出身完全可以留在北京。以后插队时，我第一次失恋很痛苦，我的同屋女友不知怎样能帮到我，就告诉了远在边寨的她。她连夜乘火车赶到我们插队的地方。我们又在一起相处了六个月，经过各种尝试，还是不行。

到美国后，我的思想禁锢少了，特别是知道莱诺是双性恋之后，当又有一个新的场景可以尝试时，我大胆前行了。

我有一个黑人朋友是教友派信徒，亦称贵格会[47]，是 17 世纪创始于英国，后传入美国的教派。贵格教信奉和平主义及男女平等，在保护印第安土著人，废除黑奴，反对越战，和女权运动中起过重要作用。一天这个黑人朋友告诉我，他的白人贵格教同事和女友，想送给他一个生日礼物，即成全他向往已久的三人行经历，问我是否可以参与，帮助实现他的愿望。我想起去英国学习前曾告诉中学的好友，自己有一个奇想[48]，希望能和一个中国人，一个黑人，和一个白人各生一个孩子，让他们一起成长，和平共处。也许受这种潜意识的心理暗示，我在英国学习的两年期间，真的和一个中国同学、一个黑人小伙

---

47 Quaker; Religious Society of Friends
48 Fantasy

子和一个白人教授各有过一段恋情。当然是秘密的，不是同时，而且没有孩子。

这次，黑白黄三个主要种族的三人行的建议，符合了我的"小联合国梦"。征求了莱诺的意见后，我兴致勃勃地同意了。黑人朋友生日那天，他带着白人女友来到我家。我们唱着生日快乐吃了生日蛋糕，开始游戏。在过去我的一男两女的三人行游戏中，是男性分别对我们两个女性示爱，而我们女性之间没有亲密接触。这次不同的是，白人女友对我热烈拥吻，我试着回应，但与同性的亲密肢体接触，让我感觉非常不舒服。我不愿扫他们的兴，又不能太委屈自己，便主动拉开与那位女友的肢体距离，她马上明白了，也做出积极回应。结果三人都如愿以偿，我也更清楚地了解了自己，尽管我有很多女朋友，但主要是情感和精神上的，我没有双性恋的倾向或身份认同，

以后若干年，我在网上寻友时，曾想找一个柏拉图式的女友做知心朋友，也遇到过一两个似乎志同道合者。但当她们了解到我不是"女同"时，感到十分气愤，说你不是女同为什么要进找女伴的网站来捣乱？我解释说，我在寻友信息中说得很清楚，是找女朋友，不是找女同伴侣。我感觉自己90%是"直女"，但视情况有10%开放的可能。因为人的性身份和取向不是刻在石板上一成不变的，是流动状态[49]。我不知道在某种情况下自己是否会有意想不到的突变。她们其中一人和我保持了一般女友关系，至今。

我在后来的学习中了解到，人有体征和性格的双重性，是生物界雌雄同体现象的延伸。在生理性别（染色体）上有双重性的，被称为"两性人"[50]"双性人""中性人"或"阴阳人"。在性别认同、性别表达、个性心理层面的双重性，被称为"双性同体"[51]。双性同体在不同的文化和历史进程中有不同的表现和描述，有助于我们对双性

---

49 Fluid
50 Hermaphrodite
51 Androgyny, 有时可与 Hermaphrodite 交替使用，或称为 Intersex。

恋的了解。

瑞士心理学家荣格的核心理念之一，是提出人的潜意识中的"阿尼玛"[52]和"阿尼姆斯"[53]两种原型[54]。阿尼玛指男人身上的女性心理因素，或称"女性意象"或"女性潜质"；阿尼姆斯则指女人身上的男性心理因素，亦称"男性意象"或"男性潜质"。荣格说，"人类本性既有男性又有女性，而不仅仅是男人或女人。你很难说你的灵魂是什么性别。但如果你仔细观察，你会发现，最阳刚的男人有阴柔的灵魂，最阴柔的女人有阳刚的灵魂。你越有男子气概，你就越远离真正的女人，因为你对自己女性化的一面是陌生和轻蔑的。[55]"

与荣格同时期的英国女作家弗吉尼亚·伍尔夫[56]，被称为二十世纪现代主义和女性主义先驱。她在有浪漫色彩的、以她的同性恋女友家族为背景的长篇传记小说《奥兰多》[57]一书中，描写了英国贵族主人公奥兰多，从 16 世纪的男性到 20 世纪女性的性别身份转变，由此带来的自由，和完整的双重人格促成了其人生价值的实现。伍尔夫抨击性别对立，反对过分扩大女性与男性的差别。她希望两性个性能自由转换，彼此欣赏，包容融和。

对后现代主义有深刻影响的法国哲学家福柯[58]，在他 1978 年研究性史的过程中，发现了一名 19 世纪生活在黑暗之中的双性人的自传手稿。自传以感情充沛的笔调讲述了一位年轻女孩经受的折磨和动荡，如何一步步走向男性的绝望和苦涩。福柯把这部自传连同讨论"真实性别"所依据的医学和法律文件，一同编辑出版了《双性人巴尔班》[59]一书，并附上一篇重要导读，阐释了双性人的身体如何成为

---

52 Anima
53 Animus
54 Archetype。
55 荣格《红皮书》Jung, C.G. 2012. *The Red Book* (the Reader's Edition). New York: W.W. Norton & Company.
56 Virginia Woolf (1882-1941)
57 Woolf, Virginia. 1928. *Orlando*. Oxford: Blackwell Mariner Books.
58 Michel Foucault (1926-1984)
59 Foucault, Michel. 1980. *Herculine Barbin*. New York: Pantheon.

话语和权力管控的对象。

受福柯此书启示，另一部涉及双性人的文学巨著《中性》[60]，获得 2003 年美国文学最高奖-普列策奖，并在 2016 年被 BBC 评为人类进入 21 世纪以来，最伟大的 12 部英文小说之一。作者杰弗里·尤金尼德斯[61]以复杂宏大的史诗般的文体结构，综合神话、文学、历史、科学，描写了一个希腊家族几代人迁移美国后，由于近亲结婚形成的双性人，在二战后的美国经历种种历史事件，从两性人的视角和感知，具有的得天独厚的生存智慧和敏锐洞察。

我在对"双性人"（多指生理体征）和"双性同体"（多指心理特性）略有了解后，进一步认识到，这两者不应与跨性别或"双性恋"完全混同。双性人是自然生成而非手术所造的变性人。而双性恋则是一个人对自己的性身份认同和性取向定位[62]的自主选择，这个人可以是女性或男性，或者都是，或都不是。在 LGBTQ 性少数群体中使用的术语，可以称自己是"非二元"[63]，"性别酷儿"[64]，或"性别中立"[65]。性少数群体，对"性"[66]"性别"[67]"性身份"[68]，和"性取向"[69]有较明晰的概念区分，但又不僵化，是流动可变的[70]。

传统刻板的男性特质有"权威性、掌控性、竞争性、进取、勇敢、坚强"等；刻板的女性特质有"美丽、温柔、顺从、体贴、善解人意、顾全大局"等。依照"双性同体"的理念，男性和女性，阳刚和阴柔之美，不应是尖锐对立，而应兼而有之；既不固守过时的男权制，也无须咄咄逼人的女"拳"态势。这里不展开"女性主义"与"女权主

---

60 Middlesex
61 Eugenides, Jeffrey. 2002. *Middlesex*. New York: Farrar, Straus and Giroux.
62 Sexual identity and orientation。
63 Non-binary
64 Genderqueer
65 Gender neutral
66 Sex
67 Gender
68 Sex identity
69 Sex orientation
70 Sexual fluidity

义"的关联和异同的讨论，只是说明，我希望增强自己的女性和女性权利意识，同时推崇性别和谐。男性灵魂和女性灵魂，两个貌似的对立面，应互补整合。双性同体、和谐共生才是人性和人类的理想状态。无论是多边恋，同性恋，双性和变性，都表现了人类想要跨越边界，争取自身自由的愿望和奋争。

她去哪了？

2010 年，我有机会去美国的公益法律机构驻北京代表处工作。我问莱诺愿不愿意和我一起去。那时他已 85 岁高龄，但毫不犹豫地说，"我等了 70 多年才遇到像你这样的伴侣，别说是中国，就是到月球，我也跟你去！"

我们在中国一待就是三年。我白天忙于工作，只有下班回来才能陪他。他不懂中文，自己出行不方便。大多数时间都是在家里上网，关心时事政治，签名和转发美国各种有关组织的政治诉求书 [71]。一天，我下班回来，一进门就听他兴高采烈地用不准确的发音说，Lou Shao Bou 获得诺贝尔和平奖。重复了几次我才明白，他说的是刘晓波！莱诺直接参与的一个环保项目，是在加州北部推动建造通勤火车，以取代过多的汽车拥堵和减少碳排放。他是这个项目的董事会成员，投入大量时间查找数据资料，撰写文章报告，与其他成员及相关机构沟通协调。

但他还是有大把的空余时间。那时在北京的外国人，经常在三里屯的"老书虫"书店兼酒吧聚会。那里有图书，意大利便餐，各种讲座，也有交友俱乐部。他在那里结识了一个英国驻北京的男记者，有过几次亲密交往后，彼此觉得不合适，就中断了。

一天，他指给我在电脑上找到的北京美女照片，因语言障碍，希望我帮他联系。他这样做之前是征得我同意的。我完全理解他的需

---

71 Political petitions

求，也希望他在中国期间能有一个新的情感和性伴侣。坦诚的多边恋理念认为，这种情况不是说我不够好，或者他不够好，而是爱需要多样性，就像健康的有生命力的生态系统需要多元化。我打电话时向对方说明，我是在帮助我先生联系，我们关系很好，我完全同意，但他不会讲中文，所以我来联系。对方有些迟疑，但还是答应了，约好了时间。在预约好的前一小时，对方来电话，说她觉得情况有些蹊跷，怕是警察设的套，所以决定不来了。

第二次再和另一个女孩联系时，我只好说，我是秘书，在帮我的老板联系，他不会讲中文。女孩说她会一点儿英文，我把电话给了莱诺，他们约好了时间，是在我上班不在家时。他们第一次见面后，我问莱诺感觉如何，他说非常好，虽然没有进入，但有很多爱抚，彼此都很享受，我为他俩感到同喜。在他们第二次约会时，我留给了女孩一封信，感谢她给予莱诺的关爱，表明我很愿意和她交朋友，问她愿不愿周末来和我们一起吃饭。她留下了一封用简单的英文写的回条，接受邀请。

周末，她果然如约而至。是一个三十几岁很清秀的女孩，来自内蒙古，家境比较贫苦。我告诉她，我对她毫无歧视和成见，非常理解，非常感谢她给予莱诺这样一个身在异国他乡的老人真诚的关爱。我还告诉她，我们在中国的工作，也包括支持中国的法律和社会学界人士，推动人大立法，对性工作者给予承认和保护。大批农民工背井离乡，流入城市，在性需求无出路的情况下，性犯罪率明显上升。性工作者的存在，是适应需求、解决社会问题的途径之一。如果政府能够给以承认，正式注册，既有利于对这人类有史以来最古老的行业之一依法管理，保护性工作者的权利和健康，也有利于降低性犯罪和性病的传播。

她也向我们倾诉了自己的苦衷。她说为了不被隐蔽的警方抓获，她只服务外国人。有的日久生情，她非常希望能结婚生子，有一个正常的家庭生活。但是还没碰到一个外国人愿意和她这样身份的人结婚。她也希望有机会能出国，另寻生存之路。她说她从莱诺那里体会到了少有的尊重，真情和爱抚。他们每周约会一次，即使没有实质的性交，彼此也都很享受。我们也在开始讨论有什么办法能帮她出国。

一次她失约了，电话也不再有人接。我们都担心怕她出事了，三天两头试着打电话，号码没有注销，还可以留言，但没人接。一天突然接到她来的电话，我喜出望外。她说她去深圳谋生了，希望后会有期。以后电话就断了，再也没听到她的消息。听人说，干这行的人，当她的老板觉察她与某个客人交往过密，或有了感情，就会从中阻断。

莱诺和我都很珍惜这段和她时间不长的友情，并在心底里祝福她平安、幸福。

怜香伴

我和莱诺 2010-2013 在中国的三年中，欣赏了很多文艺演出，有些在国家大剧院，更多的是在保利剧院。其中令我们最震撼的要数昆曲《怜香伴》，是为纪念清代戏曲家李渔诞辰 400 周年而搬上戏曲舞台的经典曲目。讲述了一个书生的妻子，新婚满月到庙里烧香，偶遇小她两岁的妙龄女子，她们以诗相会，互生爱慕。夫人设局将妙龄女子娶给丈夫做妾，两人得以长相厮守。

该曲目由香港著名导演关锦鹏执导，他的创作风格婉约细腻，多以女性或同性恋者为关注对象，带有浓郁的女性主义倾向。也有传闻，关导的同性恋身份在香港娱乐圈尽人皆知[72]。李银河是此剧的文化顾问。剧中柔美动人的唱腔表演，素淡高雅的服饰和舞台设计，尤其是非同寻常的故事情节，使我和莱诺深深陶醉。几百年前，当同性恋在西方被宗教势力严重打压时，中国古代男权社会对女子之间的恋情却是持赞赏态度的。这个剧的情节也涉及了同性恋、双性恋和多

---

72 搜狐娱乐评，2015.6.24

边恋这样前卫的敏感问题，如妻子对同性小妾和异性丈夫的爱恋，和丈夫与妻妾三人之间的情爱。一次我打趣地问李银河，中国的审查怎么开放到这种地步。她诙谐地回应，谁有你们那么多心眼儿，领导根本没往那想，没看出来。

　　我和莱诺都是通过英文字幕理解唱词的（我的古文修养欠佳）。当听说这个剧目将去世界巡演，我和莱诺急忙跑到后台，报名愿义务帮助修改英文字幕翻译。这项工作给我俩带来了几个月的乐趣，直到得知巡演计划被取消。那遗憾真是痛彻心扉，世人错过了一个了解和赏阅中国古典文化的良机，但听说在国内出演了很长时间。

第四章 挑战

轮回重演？

2013 年，莱诺在中国查出前列腺癌晚期，我不得不放弃联合国志愿人员组织驻中国代表处负责人的工作，和他一起回美国治疗。不久我到了在美国退休的年龄。从十几年前第一次到夏威夷度假后，我就决心退休到这块人间乐土。夏威夷群岛由四个大岛，四个小岛组成。小岛没有或很少人居住，较大的岛屿中我过去考察过三个，即作为首府的欧胡岛，富人聚集的茂宜岛，和火山频发的大岛，都有可取之处和不尽人意之处。只是没去过不太知名的考艾岛，也称花园岛。这时有个朋友（那个曾和牧马人一起玩过不成功的三人行的女友），正好要去那个岛落户，问我愿不愿意一起去。莱诺觉得旧金山湾区太冷，我上网查了，花园岛一年四季犹如夏秋，温差不大，所以决定去试一试。

一下飞机，那扑面湿润的海风，蓝天白云，椰树鲜花，山丘海滩，一下抓住了我的心，就像当初遇到 Don 和莱诺那样一见钟情，一锤定音的感觉，就是它了！

一转眼已经八年，住得越久，越喜欢。这里不仅是原生态自然美和现代文明便利的最佳平衡，而且逐渐深入社区和公益服务，使我产生了强烈的归属感。岛屿虽小，生活绚烂多彩，有意义，有乐趣，每天沉浸在祥和，满足和快乐之中，没有过一丝悔意。

本来和那个同来的女友合住，几个月后她对莱诺莫名的排斥使我实在无法忍受，我们就搬了出去。人生地不熟，我在当地网站发了一个寻求女友的信息。不到一个小时，收到一条回信，"有教养的男士（gentleman）可以考虑吗"？我征求了莱诺的意见后，回复说，"如果真的是 gentleman，可以网开一面。"

他，迪克，用短信告诉了我他的简单情况，50 出头，单身，无子女，来自加州，在餐馆做服务员，问我什么情况。我告诉他，去查看一下我的自传书封底，就知道是否还愿意继续对话（那时他会知道他比我小十几岁）。几个小时后，他又发来一条短信，说我的人生很有意思，他更有兴趣进一步了解，年龄对他只是一个数字。

通过一周的互换短信和照片，我告诉了他，我已婚，丈夫患癌症。并问他，我的寻友信息很明确，是找一个非同性恋的女友，他为什么回应。他说是被寻友的标题"真诚的友谊"[1]吸引。他问我住在岛的哪个位置，能不能见见面。他住在岛的西南，我在岛的东部，车程约 40 分钟。我建议在岛的市中心附近见面，如果谈不来就各自调头回家；谈得来，就和莱诺一起吃午饭。他说鉴于莱诺的身体情况，我不应该离开太远，还是他过来。还没见面，就给了我体贴人的好印象。

见面约在离我家不远的海边。在停车场，远远地看见一个身材健壮匀称，眉目端正，面带笑容的男士朝我走来。眼缘不错，人挺精神的，比照片好！

我们谈得很投机，不到两个小时，他好像把自己从小干过的坏事都说了，曾抽烟喝酒，酒醉驾车坐牢....显然是个单纯没心眼儿的。一会儿，他从兜里掏出一个绿色的小陶瓷乌龟送给我。我告诉了他中国

---

1 Genuine friendship

文化中绿乌龟意味着什么，他真的不知道，哈哈大笑。然后说，可以去接莱诺了吗？"嘿，他还挺开放，好兆头"，我暗暗想。

迪克是职业高档餐馆服务员，以前在科罗拉多州滑雪度假地打工时，给三个总统上过菜；不论男女老少，和任何人都是见面熟。相比之下，莱诺文质彬彬，少言寡语。这两个正在或将在我生命中扮演重要角色的男人，第一次见面，平和友好，让我松了一口气。饭后出门时，下起了雨。迪克冒雨跑出去，把车开到门口，将莱诺扶上车。

以后的日子里，我每个周末去和迪克约会一次，也算是我的休息日。因为年龄关系，莱诺没有做手术或化疗放疗，采用的是服药保守疗法。他的情况在比较平稳地逐渐衰落。迪克很会说话，和我在一起时，他会说，不要担心，我会帮助你好好照顾莱诺；和莱诺在一起时，他会说，不要担心，我会好好照顾Sonia（我的英文名）。可贵的是，他不是光拣好听的说，而是诚心诚意这么做的。

我和迪克的相遇和我见到莱诺时，有那么多相似之处，让人不禁疑惑，生活真的可以轮回重演吗？

喜新不厌旧

嫉妒之心人皆有之，多边恋的人也不例外，问题是怎样对待。有时我去和迪克约会时，莱诺会略有不爽。但他总是说，"这是我自己的问题，我自己解决，你该做什么就去做什么。"

当我告诉莱诺，我好像爱上迪克了。他惊恐地说，"Oh, My God"（我的天）！我的第一反应是，这叫什么话，你不应该为我们高兴吗，难道我不可以爱上他吗？我打电话约了我多年的在这方面的专业心理咨询师Kathy（两本有关多边恋的书的作者）。

交谈后，我冷静下来，设身处地从他的角度考虑，他在生命的最后阶段，对我有极大的依赖性和不安全感，唯恐我会因有新爱弃他而去。这是完全合理的、可理解的恐慌感。就像当初Don看到我坐在莱诺身边，有时会感到嫉妒和疑惑的那种情况。他们这时的思维能力与身体健康时不太一样，此刻最需要的是理解和安慰保证。我对莱诺说，"你知道的，多边恋不是喜新厌旧，而是喜新不厌旧。用你的话说，是添加，而不是取代[2]。"有了心结，一定要正视面对，积极沟通，使关系更亲密。

一个周日，我刚要离家去见迪克，莱诺说他感到胸闷。我让他含上硝酸甘油后，立刻给迪克打电话，说莱诺不舒服，可能会晚到。迪克说，今天不要来了，赶快带莱诺去医院，有症状时才容易检查出问题。我立刻带莱诺去看急诊。检查后，除了一个指标外，其他都正常，为谨慎，医生还是留他住院观察。两天后等那个指标也正常了，才让他回家。这个岛上的医院虽小，但服务非常热情周到人性化。莱诺是一个低收入的普通人，住的是单间病房，有陪住人的沙发椅可拉出来躺卧，打开窗即可看到大海。我的一个从中国来访的亲戚感叹说，莱诺享受的是中国部长级待遇。

莱诺回家后给迪克写了一个邮件，说通过这件事，他感到迪克是值得信赖的人，要把自己一生最珍爱的人托付给他。迪克也感动至极，应允会不辜负重托。得到两个男人如此真挚的爱，真觉得自己是最幸运的有福之人。

除医院外，这个岛的家庭临终护理团队也是一流的。除医生，护士，护理，还有社工人员，心理咨询师，和陪同病人的志愿者，以使家人可以出去办事或得到休息。这个团队的心理咨询师告诉我，现在大家的注意力都集中在莱诺身上，但她知道，我是使一切能够顺利运转的核心，如果我有任何需要，她会随叫随到。她的确也是这样做的，成为我强有力的精神后盾。而迪克从始至终，是每日不可或缺的情感支柱。

不久，莱诺在众人的悉心照料下，安然离世。一个月后，我们在

---

2 In addition to, not instead of.

家里为他举行了生命的庆贺追思会[3]。临终护理的心理咨询师帮助我整理资料并主持仪式。莱诺的很多生前好友发来悼念信息。曾和他竞选过联邦众议员并获胜的人说，他非常敬重莱诺，如果有两个席位，他们都能当选是最好的结果。在一个州参议员的动议下，加州参议院开会时静默一分钟，表示对莱诺为加州环保工作不懈努力的肯定和纪念。莱诺和我在这个岛经常参加的"世界和平之舞"[4]团队，在我家后院的草坪上载歌载舞。为纪念这位终生热衷的环保者，我们把他的骨灰放在一个可在土壤中分解的纸质骨灰盒里，埋在院子里的蛋花树下。

临终护理服务除个别咨询，还为失去亲人的家属们提供一个六周的团体心理辅导课程[5]，每周聚会一次。大家通过各自对亲人的回忆和思念，分享丧失亲人的悲痛，以及用给逝者写信和想象回信等方式，互相帮助疗愈悲伤，继续积极乐观地生活

我与其他人情况不同的一点是，同组的人集中表达的是对失去亲人的悲痛和感到的孤独无助。我一方面为如此热爱生活的莱诺不得不结束自己的一生而伤感难过，为失去他的挚爱而哀痛，同时又感到迪克的热烈真诚的爱带给我的安慰和快乐。在理应悲伤时又感到爱的喜悦和幸福，产生一种莫名的愧疚和负罪感。悲喜交集，两种情感的激烈碰撞，使我有时感到心胸挤压到难以容纳。这时只有想到莱诺对我们的祝福，可以舒缓撕裂感，而沉浸在生、死、爱兼容的大爱之情中。

上了贼船？

莱诺过世后，一天迪克对我说，"莱诺在我之前，我们的关系以他为主，我无话可说；现在他不在了，能不能彼此承诺一对一的单偶

---

3 Celebration of life
4 Dance for Universal Peace
5 Journey through Grief

制，不再考虑他人加入的可能？"我很震惊他会提出这种要求。回答说，不是一开始就跟你说过我是多边恋吗，这是我的本性和选择，怎么能改变呢？他也坦诚地说，我根本不懂什么是多边恋，就跟你上了贼船，现在也下不去了。其实在我们两人当中，他是比较爱与异性调情的，而且有男人比较普遍的"双重标准"，即希望自己有更多的自由，但不太接受情侣也有同等权利。我意识到，这是一个必须彻底解决的问题，不是说我心中又有了可以加入的人选，而是如果他对这种开放模式的选择没有明确认知，将是长久的后患，或可能成为我们情感关系的致命伤。

正巧，多边恋的全国性组织"爱多多"要开年会，而且是在他工作过多年的科罗拉多州的丹佛市。我建议我们一起去那里度个假，他会会老友，也顺便受一次正规的多边恋的教育，他同意了。

这里顺便简单介绍一下"爱多多"这个多边恋的全国性组织[6]，同时简要梳理一下多边恋运动的历史[7]。

"自由之爱"运动[8]，在美国初创于 19 世纪几个基督教组织尝试的"基督灵性之爱"的乌托邦式意向群体[9]，比如其中 1841 年在麻省建立的布鲁克农场[10]，和 1848 年在纽约州的奥奈达社群[11]。我和莱诺去参观过奥奈达社群"活着的展览馆"[12]，并在那里过夜。那些理想主义的教徒，自称为"完美主义者"和"圣经共产主义者"[13]，同吃同住同劳动，分享一切资源包括性与爱。那个社群曾赖以生存而出产的奥奈达牌餐具，至今仍是市场上畅销的品牌。

这些乌托邦群体随着其创始人的过世逐渐消亡。1960s 和 1970s

---

6 Loving More

7 Alan, M. 2013. "A History of Loving More." https://www.lovingmorenonprofit.org

8 Free Love movement

9 Intentional community

10 Brook Farm

11 Oneida Community

12 Living museum

13 Perfectionists and Bible Communists。

年代的反主流文化运动[14]重新点燃了自由之爱之火，以畅销书"开放式婚姻"为代表。当今的多边恋运动，自然要追溯到1980s的"爱多多"杂志，创始人是一位叫莱姆·尼尔宁[15]的女士，她和两位丈夫以开放婚姻的形式生活在美国西海岸的俄勒冈州。他们都是1956年在纽约市成立的一个叫克里斯塔乌托邦团体[16]的追随者。嬉皮士的克里斯塔理想村于1971年搬迁到旧金山，实行群内"多忠诚"[17]的开放关系，直到1991年这个组织解体。但其奉行的开放情爱理念和生活方式，随着社会进步，不断被更多的人接受，至今成为一个继同性恋、跨性别之后，另一个逐渐进入主流意识的方兴正艾的社会运动。

1984年，贝尔宁女士的《多忠诚读本》首刊问世，并创建了"多忠诚教育机构"，其季刊名为"爱多多"。刊物主编是贝尔宁和《多边恋-新型的博爱》的作者安娜波尔博士（她也是因提网络资讯中心[18]创始人）。1995年，这两位多边恋的开拓者，将各自的机构合并为"爱多多"组织，出版物为"爱多多"杂志。经过20多年的艰辛奉献，贝尔宁女士于2001年退休。2004年"爱多多"组织和刊物被萝彬·塔丝克[19]接管，高举火炬至今。"爱多多"杂志从2009年起改为电子版，该组织的主要活动是一年两次的讲习班，一次在东海岸，一次在西海岸。多边恋的英文"Polyamory"一词是由另外两位践行者于1990年和1992年分别创造启用的，2006年正式纳入主流词典。"爱多多"在1995年第一次以多边恋命名他们举办的年度研讨会。自那以后，"爱多多"便成了"多边恋"的代名词和提供各类有关信息的全国性组织。

我和迪克参加的是2014年为期三天的研讨会，约百人参加，有十几个各种主题的讲座讨论。我到会上后如鱼得水，见到那么多有共

---

14 Counterculture movement
15 Ryam Nearing
16 Kerista community
17 Polyfidelity
18 在 Internet 一语流行之前，她把自己的网络称为 IntiNet。
19 Robyn Trask

同语言的人，不用费劲解释什么是多边恋，为什么，怎么做，只需全身心地投入。不少我感兴趣的讲座时间互相冲突，真恨不得有分身术。迪克则整个晕菜，摸不着头脑，不知所措。所幸会场提供有免费咨询，我和迪克与咨询师探讨，我们这样两个处于对多边恋不同层次了解和实践的人，是否有可能继续走下去。在咨询过程中我们谈出了一个解决方案：我从小是学霸型，对各种知识有极强的兴趣和好奇心，我就去听课；迪克从来是淘气的孩子，不爱读书，但善于和人交往，他就去找朋友，看能不能找到谈得来的异性，同性，或一对夫妇。

这个办法果然灵光。我兴致勃勃去听各种课，他在会场外窜来窜去寻摸物色人。午餐休息时，他告诉我找到了一位女士，和她丈夫一起来的，问我愿不愿意见见他们。我当然愿意，可那已是会议的最后一天。我们就约好，会议结束后一起去吃晚饭，在那个女士的丈夫做经理的那个餐馆。

四个人在一起吃饭，我没有感到做经理的丈夫对我有吸引力，而且饭后他需要留下继续工作。看迪克和那个女士聊得很投机，我建议，饭后，他们送我到电影院，然后他们回我们的宾馆房间，用互相同意的方式尽情沟通。电影结束后，我发短信，迪克开车过来，把女士送到她丈夫的餐馆，然后接我回宾馆。

这个经历给迪克上了具体生动的一课，什么是多边恋，怎样运作。与那个女士交往的细节，如果他愿意，可以和我分享，也可以选择不问不说，有问必答。我没有问，但迪克的个性存不住事，他津津有味地说，我津津乐道地听，同喜心使我感受到他们的兴奋快乐。对我来说，这是自然为之，我真的没有感觉到嫉妒（也许因为没发现什么值得我羡慕嫉妒恨的），这在迪克看来是难得的"宽容大度"，因而更增强了对我的爱意，这不是赢、赢、赢吗？何乐而不为呢？

会议结束之后，我和迪克自驾游，饱览了科罗拉多州和邻近的犹他州的自然名胜。红土堆积的奇山怪石，一望无际的广袤天地，使人感到我们在这宏大宇宙中如此渺小，而心中感受到的与这个世界和其中之人的联结又如此紧密亲切。

我感悟到，多边恋不仅是一种不一样的情感关系和生活方式，它更是一种人生观、价值观和信仰的选择，是我自幼崇尚的理想主义在亲密人际关系上的体现，也是我的精神灵修之路。

这次科罗拉多之行，使迪克从糊里糊涂，懵懵懂懂地步入"多边恋的陷阱"，到比较自觉情愿地做了这种选择："既然上了贼船，就做个快乐的海盗吧！"

在多边恋关系中，有时有比较明确的共识，谁是第一位的，谁是第二位的情侣[20]。比如 Don 曾是第一位，莱诺是第二位；后来莱诺成了第一位，迪克成了第二位。旅行之后，我送给迪克一个袖珍模型小提琴纪念品，祝贺他从第二提琴手晋升到了第一位。他看了看说，还是你留着吧，我弄不清楚什么时候是第一或第二，没准儿今天成了第一，明天又沦为第二了。不管第一第二，能和你在一起就好。

泰国姑娘

迪克和新女友的远程关系，维持了没多久就结束了。而我和迪克的关系因为其他问题，再次陷入危机。

迪克的妈妈青少年早孕，17 岁生下他哥哥，19 岁生下他。父亲是一半印第安土著人，他从来没见过父亲。因为妈妈是餐馆经理，迪克从十四、五岁就入了这行，再没离开过。他也从很年轻时就开始抽烟喝酒。后来烟戒掉了，酒一直与他为伴，曾因醉驾进班房五次。他若干次尝试戒酒，和我认识之前他刚刚戒酒不久。

迪克在岛上一家很好的高档餐厅工作，一天因为一点小事不顺心，当即裸辞。在家游手好闲了几个月，不好好找工作，还在房租上跟我讨价还价，后来干脆不交房租了。我觉得他那么没有上进心，决

---

20 Primary, secondary.

定和他分手，并让他搬出去。

他搬出去的第一天就又开始喝酒，并打电话告诉我，他正在开车往岛的最西部去，警车刚从他旁边开过去，并且说，他不在乎再被抓，反正什么都没有了。我不禁伤心大哭，觉得是我毁了他，心里激烈斗争，如果他真被抓，我要不要把他赎出来。好像理所当然应该救他，可是如果他在里面，起码不会伤害到别人或他自己。

所幸他没有被抓，租了我家附近的一家临海宾馆的房间过夜，打电话让我过去。我们曾在那里度过蜜周，我忍住了没去。第二天我就参加了"戒酒之友"学习小组。我过去不知道，酗酒在美国是一个如此普遍的严重社会问题，是一种需要认真对待的疾病，而不是歧视或否定某人的理由。迪克酒醉时，不是暴力型，而是说话做事怪怪的，经常让人莫名其妙。"戒酒之友"小组学习一周一次，都是家里有酗酒或正在戒酒的人，大家交流倾诉，彼此鼓励。

迪克的戒酒和喝酒断断续续，时好时坏。我们结识后的几年中他一直没喝。搬出去重新开始喝酒后，又停了较长一段时间，但突然在没有任何外界因素变化的情况下又喝了，而且闹出了很大的事，把自己伤得很厉害。一次他因喝醉找不到车钥匙，用拳头砸玻璃去开车门，手的一根筋被切断，做了手术。戒酒的人往往对自己有错误的估计，以为少喝一点没问题，可以控制住。其实，可以控制住的人，就不是病态的酗酒者[21]。酗酒者体内的酒精含量，一旦被一点儿酒精激活，就不由自主了。所以迪克不喝酒的时候会告诉我，对戒酒的人来说，最可怕的不是第十杯，而是第一杯。

我真的希望他能参加戒酒互助小组[22]，我参加"戒酒之友"小组[23]，我们共同面对挑战，一起学习成长，那该是多么有意思的事！但这种愿望，只能来自他本身的能动性，任何威胁、利诱、收买，都

---

21 Alcoholism
22 AA: alcoholic anonymous
23 Al-Anon

无用，或只是暂时效应。我只好给他立两条规矩：第一，开车不能喝酒；第二，不能当着我的面喝酒。

他从我处搬出去后不久，就去了泰国"避难"。来夏威夷定居之前，他多年在科罗拉多州滑雪度假地的餐厅工作，季节性很强，收入又高。他的不少单身的同行们都是工作半年，去泰国或其他东南亚物美价廉的地方度假几个月，找女人、喝酒，尽情享乐。

他在泰国有一个比较固定的女友，是他住的那个酒店的清洁员。即使我和他中断了情侣关系，他还信守着"不绝对忠诚，但绝对坦诚"的原则，经常发给我他和女友的照片和信息。我也和以往一样，没有什么嫉妒，更多的是好奇：她长什么样，干什么的，他们在一起除了上床还做什么。她也喝酒，正好一对。我不觉得他们之间是值得我羡慕的健康的关系。我也知道迪克不是那种玩玩就走的人，他真的上心，关心她和她的家人，也舍得花钱，带她回乡下去看父母等。慢慢地，我也开始关心她的命运。我曾在移民律所工作过多年，对美国的移民法门儿清，就告诉迪克，如果她想来美国，我可以提供有关旅游、工作、或未婚妻签证的各种资讯。而且迪克作为邀请人嫌疑较大，拒签可能大，我可以出面邀请。那个泰国姑娘上有老下有小，她来不了，可是我们之间有一种从未见过面，但彼此友善的良好关系。

我对迪克的女友（们），几乎没有感到过嫉妒，这可能有几方面的原因。

一是，也许我觉得她们在各方面都不如我，没有什么可值得我羡慕嫉妒的，甚至有时会质疑，他的水准怎么这么低。

二是，也许和他常年当服务员有关，迪克的情商远高于智商，他很能体察别人的需要，并努力去满足。他和另一个女性交往时，不会让你感到被忽略。

第三，我想象，如果我的情侣的女友是一个素质很高的人，我会更高兴，并和她成为真正的好朋友。这一点在后来的情况中得到了证实。

网上寻友

近年来，我每次过生日时都有意识地去会做一件以前没做过，甚至带点儿冒险有趣的事，比如开越野车，山坡滑索，救生圈漂游，与海龟、海豚共游等。

我70岁生日时，计划独自乘游轮去阿拉斯加。迪克觉得不安全，执意要去陪玩儿，我就答应了。出发前一周，从他的一个短信中我感觉到他又喝酒了，约他谈谈，他说在我喜欢的那个海边餐厅见。没想到，刚坐下后他就要了一杯啤酒。不知是他忘了我们约定的，不能在我面前喝酒，还是故意挑战我的底线，或是已经醉了，不知道自己在做什么。我犹豫了一会儿，定下神说，我只有一个70岁生日，不想过生日时还要担心，你是不是又喝酒了，还要和你争斗。明天我就把你的预定都取消。说完，我站起来走了。

他还以为我是一时生气，只取消了机票，他可以坐另外的航班，到加拿大的维多利亚游轮码头和我一起上船。我明确告诉他，我们的关系结束了，不想再耗费时间和他纠缠喝酒的事，要另寻新的伴侣，如果找到，会告诉他。

每次分手时，迪克都会说，要记住，我永远爱你，而且一定是最后守在你床边握着你手的那个人。他就是这样一个让人又爱又气，永远长不大的大男孩！

我在游轮上开始上交友网站。生日那天收到两个对我有兴趣的男士的信息，都是在我们岛上。一个在农场工作，暂时不在岛上，要回来后再联系；另一个是搞音乐创作的作曲家，出了好几个曲作专辑。和作曲家邮件沟通后，感到有好几个红色示警。比如，说到前任太太或女友，都是负面指责，没有一句好话或自省；对我的情况问得很细，使人感到控制欲很强；而且身体不好，一年前有过小中风，生活需要人照顾。算了吧，还是好好过我自己的日子。

因工作关系和个人爱好，我去过二十几个国家，美国本土游过或开车经过的也有三十几个州。没有去过，也最想去的就是阿拉斯加。游轮是我非常喜欢的旅游方式，有自己独处的安静角落，也有可以凑热闹的地方。在阿拉斯加，亲眼所见冰雪体大面积崩塌；欣赏到鲸鱼喷水和成群的海豹；特别是有机会和当地土著人近距离接触沟通，很有亲切感。唯一遗憾的是季节不对，没能看到北极光。

和迪克分手后的最初几个月，过得很自在，很珍惜自己独处的时光，再不必为他是否喝酒提心吊胆。其实，人和人的关系，最基础的是和自己的关系，了解自己，关爱自己，实现自我。和任何他人的关系都是第二位的。只有真正爱自己的人，才能自然地去爱他人，爱这个世界，并真诚地给予。

轻松地过了几个月后，我开始耐不住寂寞了，意识到和自己的关系再好，也需要有个伴儿，分享自己的生活。有些人是有伴儿更好，没伴儿也能自得其乐。我是短时间内可以没伴儿，长了不行。于是我开始积极上网。

有人说，寻友就像一个全职工作，要全神投入。在这方面投入的时间和精力，与结果产出绝对成正比。我查到了有专门的网上交友课程，便注册了，而且惯例是好学生，一课一课认真听讲，做作业。比如回答问卷，为什么一定要找个伴儿，而且是高质量的，你的标准是什么，忌讳是什么等等。课程还教你怎样写自我介绍[24]，不是要吸引更多的眼球，而是要排除90%的你不会感兴趣的，而只吸引极少数可能的候选人。我按照指南，一步一步，先在我们岛上搜寻，然后扩大到夏威夷的其他岛，再扩大到旧金山湾区。发现个别有可能的，但双方都不愿意考虑搬迁，只好又回到本岛的范围。

有一个人的简介，吸引了我的注意力。他叫查理，自我介绍很简单，就一句话：有一颗温柔宽厚的心，喜欢莎士比亚和贝多芬。"起码是个有文化的人"，我想。在扩展到本岛之外搜索之前，我曾看见过这个人的材料，也和他简单通过邮件，但没撞出火花，就没再跟

24　Profile

进。三个月后，搜索范围回归本岛后，看到他还在网上。年龄只比我大四岁，从照片上看人也还可以。就又发了一个邮件，问有没有兴趣见见面。我在交友上一般比较主动，因为我知道自己想要什么，不相信只应该等待别人挑选我；而是告诉自己，要主动去寻找和联系自己有兴趣的人，宁可不成，不要错过机会而留遗憾。

"好啊"，他回答，并建议了一个咖啡厅。

找到啦！

我先到的，要了一杯我喜欢的白牡丹茶。是的，我们这个世外桃源的小岛上，居然有店主自己种的中国国花做的茶！他们不是中国人，也不知道牡丹是中国的国花，而是从营养价值选择的。还有一种是用红色的夏威夷扶桑花做的茶，也是我喜欢的。查理后到，要了一小杯拿铁。他排队时，我看见他左臂终端是一个未发育全的小手掌。心里咯噔一下，但头脑里一个声音马上出来说，不能歧视残疾人！（这是我在北京，为美国公益法律组织工作时宣教的主题之一）。谈谈再说吧。

聊天中我被他的经历吸引了。查理出生在种族歧视比较严重的美国南部路易斯安那州，一个中产阶级家庭。爷爷是律师，父亲拥有一家小公司，家里有个黑人女佣。他上学以后，发现她不认字，很惊讶，就主动教她学习读写。小时候他还经常问父母，为什么白人黑人不能在同一个饮水处饮水。大学毕业后，他积极反对越战，自愿参加了美国最早的海外和平队之一，到西非一个名不见经传的小国布基纳法索，帮助当地人用"文明"的方法挖井，以便能饮用清洁水，而且一去就是两年。他们那些和平队的队友们，回国后每两年聚会一次，疫情期间在网上视频聚会。

他后来做了联邦政府公务员，退休时是联邦公平就业委员会纽约和波士顿地区办公室主任。退休后搬来本岛，在高中做代课老师。

我们最大的共同语言是对公众服务和公益事业的热心投入。我退休之前在联合国志愿人员组织驻中国代表处工作时，一次听一个总部来的头儿说过一句话，我很共鸣："如果想快乐一小时，去睡个午觉；想快乐一天，去钓鱼；想快乐一辈子，当个志愿者，去帮助别人"！不知从什么时候开始，志愿服务无形中成了我的人生宗旨和乐趣，也许这和从小受的共产主义/理想主义教育和经常性的义务劳动有关，习惯成自然？

在伯克利大学法学院读书时，我参加了社区法律中心的义务服务，为低收入者填写福利申请，为无家可归者联系住处。还参加了伯克利市免费诊所的心理咨询培训，并在那里做了三年志愿者，每周值班一次，和任何有问题需要倾诉的人交谈。同时也是人权律师协会旧金山分支的会员，六四期间帮助了很多逃亡人士取得庇护资格。法学院毕业后，我参加了商业、民事、离婚等调解培训，成为我所在地法院的义务调解员，并在旧金山唐人街开设了第一家，也是当时唯一的一家中英文调解机构。

2010-13年在北京工作期间，我是北京同志中心心理咨询的志愿者。退休来本岛后的八年中，我一直担任法庭及社区的义务调解员，和法律援助处的志愿者，曾得到市长、州长、及本州最高法院院长颁发的杰出社区服务奖，是本岛公认的调解案例最多、成功率最高的调解员。疫情期间，设在法院里的法律援助处关门。援助处就在法庭安检对面的一个房间，我把自己的电话号码给了已很熟悉的安检负责人和法庭立案窗口的工作人员，告诉他们可以把我的号码给需要咨询的人。每天都会接到几个咨询的电话，问该填什么表，怎样走程序，等等。甚至当我去旧金山湾区看望儿孙，在地铁站也接到这样的电话。使我回想起，在农村插队当赤脚医生时，社员会找到我游泳的河边来针灸。每当我能用自己的知识、经验和技能为别人排忧解难时，内心充满无以言喻的满足、快乐、和生活的意义感。我的这种心态和多边恋互为因果：因为有分享爱的基因而选择了多边恋的情感和生活方式；这种选择又成了生活习惯和待人处事的常态，使我对素不相识的人充满自然的善意和爱心。

对公益服务的热心，只有志同道合的人能体会和分享。我和查理都有找到了知音，一见如故之感。第一次见面，一下谈了三个多小时，还未尽兴，约好了第二天在同一地点，接着聊。

在第二天的接触中了解到，他最喜欢的作家，和莱诺一样，是莎士比亚。和他共同生活了四十多年的太太十年前肺癌去世时，他的疗愈悲痛的方式，是把所有上演过的莎剧从头到尾再看一遍，重温人间悲喜，人性善恶。他自小也是学霸型，用超强的智商弥补肢体残缺。他还爱写诗，出版了两本小册子诗集。事情怎么那么巧，当年我刚认识莱诺时，正在修改我的第一本自传，在中国的30年和在美国的30年生活，莱诺成了我的第一编辑；遇到查理时，我的自传第二集正进入最后阶段，描述我退休前在中国的三年，和退休来岛后七年中多姿多彩的经历。为写作和阅读简便，书是用叙事诗的形式写的，查理成了理所当然的编辑。

第三天见面，我请查理吃饭，感谢他的编辑工作一夜就完成了。他带给我两本他的诗集，第一本扉页上写着：给我的新爱Sonia；第二本上写着，给我的神奇的新爱Sonia。把书交给我时加了一个亲吻。这个吻来得太突然，而且是在公众场合，我朝他笑笑，他很高兴，感觉我接受了他。

的确，我又热恋了。我不是那种恋爱长跑型，一谈好几年还定不下来；而是短平快，一般一个星期内就可以断定行还是不行，行不行都接着往前走。我真高兴，从开始上网交友到又找到真爱，只用了三个月。但这三个月是全身心投入，认认真真的上课，做作业，发出和回复邮件，每天都在问自己，我还能做什么？三个月见成效，功夫不负有心人呐！

第五章　向死而生

晴天霹雳

迪克知道我找到了新的伴侣，有些坐不住了。他想见见查理，查理说没兴趣。一开始我还没太在意，只觉得他不大气。查理已经成功戒酒20多年，本想他或许能帮迪克一把。等第三次我提起迪克想和他见面，他又断然拒绝时，我认真了。我说，开始时我就告诉你我是多边恋者，希望我在意的男人们能友好和睦相处，如果你连面都不愿意见，我们是不是应该重新考虑我们的关系，不能一辈子为这事纠结。他说，我没以为这么严重，如果这件事对你这么重要，我明天就可以见他。

果然，他要了迪克的电话，和他约好第二天见面。是迪克要求见面的，但查理真的答应了，迪克又不知所措了，并且和以往一样，借酒浇愁。他是在醉醺醺的情况下和查理见面的，不知道自己都胡说八道了些什么。查理回来告诉我说，难怪你们两人不合适。

迪克酒醉清醒后意识到自己搞砸了，又是不知所措，只好逃跑，又去了泰国，而且一去就是六个月。我想也好，起码能从他的泰国女友那得到些安慰。对我和查理来说，这也是最好的决定，可以让我们不受干扰地发展我们新的关系。

在迪克回来之前的几个月中，我和查理每到我们第一次见面的周月日子，都会回到那个咖啡厅，回顾一下我们的情感状况。这个月中哪些事我们做对了，使我们的关系更亲密了，哪些需要改进。对我来说，情感关系不是一次性的试卷，关系定了就可以交差了事了；她是一盆花，需要不断关注、浇水、修剪、滋育，才能茂盛常开。

我们第一次周月例会中学习了马歇尔·卢森堡著的《非暴力沟通》一书。[1] "非暴力沟通[2]" 也被称为 "同理式沟通"[3]，是临床心理学家卢森堡博士于 1984 年提出的理念，指导人们在工作和生活中运用非暴力、同理式的沟通，增进相互理解，解决分歧和争议。他还运用这种方法协助缓和若干世界范围的争端，如巴勒斯坦和以色列的冲突。

卢森堡博士在伯克利讲课时，Don 曾带我去聆听。回家之后也经常在我们之间和与小儿子的沟通中尝试运用他著名的四步骤：

1. 我看到或听到...时（不加评论地描述客观情况）

2. 我感到...（使用情感形容词）

3. 因为我需要...（说明自己的情感需求）

4. 我希望...（提出具体可行的建议要求）

非暴力或同理式沟通是多边恋情感关系沟通中重要有效的工具，所以我选择把它作为我们第一次例会的话题。

这种沟通的叙说方式是以我字开头，着重表达自己的感受和需要，而不是指责对方。

我先示范：当我看到你写给我的诗，

---

1 Rosenberg, Marshall B. 1999. *Nonviolent Communication: A Language of Life.* CA: Puddle Dancer Press.
2 Non-Violent Communication, 简称 NVC
3 Compassionate Communication

我感到很甜蜜、快乐，

因为我需要感受你的爱，

希望你能继续写下去。

查理果然除在我生日时专门为我写一首诗外，还创作了一首连续性、无收尾的长诗，每月一行，在周月例会中送给我。

查理是第一次听说这个理念，但学习领会得很快。他的练习答卷是：

当我听说迪克去泰国了，

我松了一口气，如释重负，

因为我需要有安全感，

希望你多多提高"革命警惕"[4]。

我笑了，他说的是实话，还挺到位！

在另一次周月例会中，我问他是否听说过"爱的五种语言"一说，他说没有，我就简单介绍了书中的观点[5]。作者认为，人一般有五种表达爱的方式：肯定的赞赏，有质量地共度时光，赠予或接受礼物，服务的行动，和肢体接触[6]。每个人表达爱的方式不同，感受到爱的方式也不同，即每个人有各自的爱的语言。情侣间需要了解自己和对方的爱的语言是什么，才能用对方需要的爱的方式使对方感受到被爱，而不是一意孤行地用自己习惯的爱的方式去做，就认为是在爱了。

比如对我来说，最重要的是肯定赞赏的语言，其次是有质量的共度时光和肢体亲密。女人一般都喜欢嘴甜的人，Don、莱诺和迪克都属于这类，不光给我各种甜蜜的昵称，还特别赞赏我好的品质和性

---

4 Be vigilant.

5 Chapman, Gary. 1992. *The Five Languages of Love: The Secrets to Love that Lasts.* Chicago IL: Northfield Publishing.

6 Affirmations, quality time, gifts, service, and physical touch

格，比如关心社会公平正义，热心助人，自然微笑，善于沟通，爱学习，等等。而查理只会说他爱我，却听不到他具体表扬或称赞我什么，也不爱用爱称。由于中国文化的影响，我不习惯对情侣用爱称，但是却很喜欢听爱称，听不到时就会感到缺点儿什么。我认为真诚地夸奖别人的人，一般是自信心和安全感较强，情商较高的表现。

如果我听到别人特别是情人说到什么我没听说过的人和事，我的耳朵会立刻竖起来，想学点什么。而查理的态度一般是防卫性的，不以为然或很快否定，说他不信鸡汤类的东西，对"爱的语言"也不感兴趣。但是他爱看书，我就把书给他，说希望他认真读一下，下个月再谈他的爱情语言是什么，我们怎么使用彼此的爱情语言，给对方更多被爱的感受。

对我来说，情感关系，尤其是多边恋的情感关系，是自我提升成长的最佳路径。复杂的情感关系更容易揭示人性的最美和弱点，如果能相互勇敢地坦诚面对，善意沟通，不仅会使情感关系更浓烈融洽，也促使自己在情感关系中不断成长为更好的自己。查理似乎认为我和他的关系已经很完美，没有需要反思和改进的。我比较羞于直接谈性，所以用写邮件的方式告诉他，我认为性交和做爱的区别何在，我希望的性爱关系是什么样的。他没有回复，我问他是否收到了，他回答说，收到了准备好好研究，贴在墙上。在我听起来，是带着嘲讽味的，使我很失望。我感到查理有时会下意识地用自己的高智商弥补肢体残缺，而不太乐意或善于进行情感层面的沟通。

正当我和查理在纠结情感沟通上的差距时，迪克从泰国回来了，手上多了一个金戒指。六个月的相处，和泰国姑娘结婚了？准备过去生活，还是她过来？后来知道都不是，只是个纪念。

这时我正准备和查理去日本、中国、香港旅游，他没去过亚洲国家。确定机票过程中，他说感觉耳朵有点疼，要问问耳鼻喉科医生坐飞机应注意什么。结果医生给了他一个晴天霹雳：喉头癌晚期！

我和他都出奇地镇静，也许因为我们都有过失去爱人的经历，而且我已是不止一次，有了比较明确的生死观。开始我想，我怎么这么倒霉，这已经是第三次了，老天也太不公平了！后来又想，我的经历告诉我，人生命最后的爱是最真挚强烈的，也许是上天又给我一次体验和分享这种爱的机会。

几次丧失挚爱教会了我三点：第一，向死而生：宇宙、人类、个体的消亡和周而复始，都是必然规律，只是时间问题，因而要更有觉知地积极地活着；第二，活在当下：感恩珍惜每一刻，每一天，去做自己认为有意义和有意思的事，就不用发愁到生命结束时会有遗憾；第三，也许还要死在当下：生命的延续也就是走向死亡的过程。当死亡来临时，可能快，也可能慢（当然最理想的是老得慢，死得快）。如果活在当下已成习惯，也许那时也能聚焦当下每时每刻的感受，而不是去回想一生或疑惑未来，这样或许能少些恐惧，多些淡定。

念想一变，情绪就变了。查理和我始至终都非常冷静、理智、积极。想的不是还有多长时间，因为谁也不知道；而是怎样每天都做一点能给他和我带来快乐的事，比如手牵手在海边漫步，一起讨论国家大事骂川普，一起看喜欢的影视，或者给他买个肯德基午餐。当然最好的，是让他随意把冰激凌当饭吃！

我自己也一点没闲着，我从以前的经历学到了，要想当一个好看护[7]，首先要照顾好自己各方面的需要，包括专业上的，情感上的，身体上的。查理的自理能力较强，除陪他看病做治疗，我照样做我的法庭调解，翻译书籍，跳舞，弹琴（网上学古筝）。

疫情期间，我俩居家一点都没觉得无聊。我无意中在网上看到国内一位叫王东岳的独立学者一百多集的系列讲座，涵盖物种起源、文明溯源、东西方哲学与文化比较、西方哲思体系、中国老子道论、孔儒文化、先秦诸子百家、易经概述、佛教解读、人体哲理，以及科技迅猛发展带来的人类文明危机和展望。一向自视学识过人的查理，被这位自修成才的大师的渊博而折服。王先生的主要著作《物演通论》

---

7 Caregiver

站在 138 亿年宇宙演化的宏大尺度上，几乎涉猎人类知识的所有领域，包括尖端的自然和生命科学。我先把王先生系列讲座的大纲翻译出来，查理看得兴奋不已，深感谦卑。他天天眼巴巴盼着我翻译出新的章节，我也全力以赴，快马加鞭。看完之后我们热烈讨论，东西方文化思想火花的碰撞，使我们有时甚至庆幸疫情隔离给了我们这样集中学习的宝贵时间，享受精神盛宴。

绿灯开启

怎么这么巧，在查理被诊断出癌症的前一周，上天把迪克送回来了，而且他一如既往地表现好。首先安慰我，说他会像帮助我照顾莱诺一样，照顾查理。但查理对他仍有本能的排斥。迪克会买给查理他爱喝的汤，如果我说是迪克买的，他会找借口不喝；如果说是我买的，他就喝得很香。我能体谅他的嫉妒心和不安全感，尤其是在身心如此脆弱的情况下。

如何处理查理和迪克的关系，对我是很大的挑战。多边恋的一个重要原则是坦诚不欺骗。在有出轨情况时，不少人说谎时常用的借口是"我不想让他/她知道，不想伤害他/她。"殊不知，用欺骗剥夺对方的知情权和选择权是更大的伤害。但是坦诚到什么程度，往往对方越开通，越容易坦诚。就像小孩天生不会说谎，是大人们对他们说真话给予的反馈，决定了他们是否学会说谎。多边恋中的情侣也是这样，谁都不愿说假话，可是在某些特定情况下，一方的态度会决定他/她能得到多少真相。

查理知道迪克回来了，而且仍是我的房客。他从来不提迪克，对我和迪克保持关系是一种消极抵抗态症[8]。这使我每次和迪克见面都要考虑怎样和查理说，才符合既不欺骗又坦诚的原则。我和查理有约定，如果和另外的人有性关系，要在发生之前而不是之后告知对方；

---

8 Passive aggressive

万一事先未料到就发生了，也要在事后第一时间告知。所以我和迪克仍是好朋友，但没有性关系。迪克也很够朋友，从来不提这种要求，不让我为难。可是查理知道我和迪克见面就会不高兴。他本来情商就不高，现在又是有绝症的病人，我该怎么办？尽管我认为他没有权利阻止我和迪克见面，但还是不想没必要地刺激他。所以我想和迪克见面时，会告诉查理，我需要自己的时间，或者说我需要回自己的家那边处理一些房客的事。这是我能想到的最好的折中办法：是事实，但也不是全部。英文中有"白色的谎言"[9]一说，我把自己的做法称之为"一半真相"或"有同情心的说辞"[10]。

久而久之查理对真心关爱他的迪克的排斥，使我越来越不能接受。对比 Don 和莱诺，在他们生命的尽头，都会为我着想，鼓励支持我去约会别人。查理非但对此闭口不提，还对我和迪克的接触表示不快。我的怨恨情绪渐渐强化。但查理在这样的特殊情况下，我又不好和他认真，怎么办？

我纠结得很难受，自然想到了心理咨询。那时查理已进入六个月临终关怀之前的缓解护理期[11]。在与医护团队见面时（有医生、护士、社工、和心理咨询师），咨询师问查理，当下他最想要的是什么；回答：和 Sonia 有更多时间有质量地相伴。问：最担忧的是什么；回答：怎样告诉远在外州的儿子和女儿。咨询师转过来问我，最担忧困扰的是什么，我说希望私下里谈。

咨询师很快约了我。临终护理团队几乎和莱诺时是原班人马，大家已经很熟，像家人。我对她说，别人都说查理命好，我是上天派给他的守护天使。只有我知道，迪克才是上天派给我的天使，他一有机会就带我去做各种户外活动：游泳、划船、骑车、打高尔夫。没有他的关爱和正能量，我不会有那么多耐心和爱心关照查理。我感觉，查

---

9 White lies
10 Half-truth or compassionate wording
11 Palliative care

理表现的嫉妒不是真爱，而是传统地把伴侣作为私有财产的独占欲。我很在乎这段感情将留给我的是什么，不希望将来回顾这段关系时满是抱怨和不满。如果他没有癌症，我会直面沟通，或者选择离开。但是在目前这种情况下，我不能说得太重，更不能弃他而去，可是又不想太委屈自己。我知道，我有权利做任何我认为对的事，不需要任何人的批准，但我希望能得到查理的认可和祝福，给我留下一个美好的记忆。咨询师建议我写封信给查理，表述我的想法。交给查理之前，她可以先看看，帮我在语气上把把关。

回家后，查理问我和咨询师谈了什么，估计他也好奇，我想私下谈的是什么。我说是一个很难启齿的问题，会写信告诉他。我的情人都知道，比较严肃重要的问题，我喜欢用书信的方式表达。写的过程，是自己梳理思路和情绪；读的过程，给对方一个消化处理的机会。到关键时刻，查理的智商情商都不低。他承认自己有些狭隘自私，并略带幽默地说，是不是那个关于开绿灯的事？我点点头。他说，那么这个灯，你想绿到什么程度就绿到什么程度[12]。我们含泪相拥，什么都不用说了。

查理的女友们

如前所述，不知为什么，我对丈夫或情侣的女友，不论是否见过面，总有一种自然的友善之情。是爱屋及乌，是女性的天然联结，还是多边恋的自然常态？

莱诺去世前，我出机票，把他曾同居多年且也分离多年的女友请过来，陪他最后一程。查理和他高中时的初恋一直保持联系，她写信给我，感谢我给了查理她未能给予他的爱。我听查理说过，中学时她曾给他织了一条厚厚的彩色大围巾，他美滋滋围在脖子上，同学们都笑话他。她住的地方很冷，所以我也给她织了一条厚厚的、软软的大

---

12 It can be as green as you want it to be.

围巾寄过去。她太喜欢了，舍不得戴，挂在墙上当装饰。

十年前，查理的太太去世后，他对一起在戒酒小组中的一位女士有了心动感觉。他的表白被拒绝后，他们一直是朋友。后来他又和一个女友凯琳结交了五年，最后分手了。查理认识我并把我介绍给她们之后，我们都成了好朋友。查理过生日，我们一起聚餐；他的儿女来访，我用中餐招待他们，这两位女友也是必请之客。

查理在认识我之前已经准备独自一人度过余生。我的突然降临，打破了他沉寂的生活，使他激情焕发，连他自己都弄不清是怎么回事，经常问自己，"是在做梦吗"？我告诉他，用中国话说，是天上掉馅饼，把他砸晕了。他很快介绍我认识了前女友凯琳，她是本岛有名望的心理咨询师，还经营一个名叫"疗愈之马"的马场[13]，为自闭症儿童和有精神创伤的退伍老兵提供辅助治疗服务。

我的主要兴趣除了法律和翻译之外，就是心理咨询，所以一下子就和凯琳成了好朋友。我和查理有问题时就去找她咨询，我说的问题她一听就懂，给的建议也很受用。一次我向她诉说，我最理想的亲密关系，是在情感、学识、核心价值观、以及身体和性等层面都比较契合[14]。用美国学校的 4.0 满分制衡量，查理和迪克都是 2.5 分，查理主要缺的是情商，迪克缺学识。他们一个是知识型，一个是暖男型。举例说明：查理是有书必读；迪克从我认识他起没见他看过一本书，包括我写的。查理从没给我送过花；迪克每天在我案头的小花瓶里插一朵院子里摘的鲜红或鲜黄的扶桑花。查理会帮我修改翻译；迪克说，翻译写作的事都别跟他说，他不懂；但他会不打搅你，会给你端茶倒水送吃的，提醒你要休息，还不时给你的颈背按摩几下。所以凯琳说，你两个都需要，两个"半杯满"加起来不是超过满分了吗？

疫情期间，我和三个法庭义务调解员成立了一个名为"洗耳恭

13　Healing Horses
14　Emotional, intellectual, spiritual, and physical/sexual connections

听"的非营利组织[15]，为社区中任何有需要的人提供免费倾听服务。这种服务有别于专业的心理咨询，不是医生和患者的关系，而是平等的伙伴同仁的分享。通过全神贯注，不打断、不评判的倾听，给予反馈，和提出问题，帮助倾诉者梳理情绪和思路，做深层的内心联结，找到埋在自己心里的解决问题的答案。我们邀请凯琳做我们的董事会成员和顾问，她尽管已忙得不可开交，还是毫不犹豫地接受了，成为我们的宝贵资源。

在查理与癌症抗争的一年半期间，凯琳一直是我们俩人的坚强后盾。夏威夷州于 2019 年通过了安乐死法案，有两个医生证明，病人患不治之症，生命少于六个月，并经过心理医生面谈鉴定神志清醒，就可以拿到一种谐称为"最后的鸡尾酒"的药粉，和液体混合服用后，几分钟人就失去知觉。查理早早就办好了一切手续，把药放在家里。临终护理的护士说，病人往往到最后时刻，已无意识或无能力将药粉和水搅和在一起，所以需要有人帮忙做这件事，问我行不行。我本能地说绝对不行。医院为避免法律责任纠纷，规定护士不能助这最后一臂之力。怎么办？

我想到了凯琳，她有在临终护理机构工作的经验。她说，这也不是她情愿做的事，但是为了查理，为了我，她答应做。我深深感动和感恩她的厚重的爱。

查理在治疗期间没受什么罪，化疗量很轻，放疗副作用也不大。但是渐渐的，癌细胞还是从颈部转移到了肺，最后到脑部。和他的医生讨论最终方案时，医生说，你的两个致命器官，肺和脑，在竞赛谁先击败你。死于肺部功能衰竭，上不来气，会比较痛苦；脑部，只要停止吃药和化疗，脑水肿会很快使他昏迷，就睡过去了，用不着那"最后的鸡尾酒"。果真，从查理决定停止一切治疗，到他安然过世，不到 72 小时。

---

15 All Ears Hawaii. org

最后的时刻

癌细胞转移到脑部后，最后两个星期，查理已离不开人。我不愿意耽误法庭调解，就问他，可以让迪克来陪你几个小时吗，他同意了。过后我问他，迪克怎么样？他说，非常耐心，细致，很好！我太高兴了。

查理决定停止治疗那天，在上床睡觉之前（很可能会不再醒来），我和迪克陪着他（他的儿子女儿都在外州，正在往这里赶）。我问他，还想吃什么或做什么。他已戒酒20多年，没想到他说，想最后喝一次酒。我说，没问题，这里有专业调酒师（指迪克）。他点了这里流行的椰子兰姆酒加可乐。迪克去买了，拿回来兑好，递给他。他笑着说，这是他一生喝的最好的酒！

我们扶他上楼，上了床，他真的就再没醒来。但他还在呼吸。临终护理送来了医院用床（他过去不需要），又是公司的规定，不能动病人的家具，而且来的护士有身孕。全靠迪克，帮助搬动家具，把病床安装好，把昏睡的他移到病床上。我们俩守着他，音响里放着他事先点好的贝多芬的第九交响曲欢乐颂。据说，味觉是人最先具有的功能，而听觉的功能最后丧失，所以临终时播放他喜爱的音乐，是最好的送行。

查理一直没有给我和迪克最后的祝福，这留下了些许记忆的遗憾，但我们理解和体谅他的处境。毕竟他们最终彼此接受，成了好朋友，这就够了。

第六章 进行时

惊喜

迪克在我最需要的时候，对莱诺和查理真诚的关爱，使我一次又一次看到他金子般善良的心。尽管有学识方面的不足，但人在不同的成长阶段需求不同。现在对我来说，情感合拍是最重要的，其他可以自己不断学习补充，或者从和女性朋友比较单纯的交往中获得。我已认定迪克是我情感的归宿，准备送走查理之后，和他一起开始戒酒的努力，而且凯琳是这方面的专家，可以给我们专业性指导。

迪克给我的最大的惊喜，是告诉我，在查理去世一个月之前，他已经又戒酒了！这次是他自己主动的，没有人催促他。尽管戒酒的事不是一劳永逸，每天都要付出努力[1]，但毕竟是好的开端。我认为这表示了他对我的爱意，不忍心让我再为他焦虑。

查理是早上五点停止呼吸的。临终护理的护士帮他换好了衣服，我用我们经常散步的小路周围的花草编了一个花环，摆在他胸前，周围是家人的照片，等待当晚他子女的到达。在迪克的大力帮助下，我匆忙把自己的物品搬出去，给他们腾地方。

---

1 One day at a time.

离开陪伴查理一年多的窄小的公寓单元，回到自己宽敞舒适的家，在大自然的怀抱中，那么释然，轻松。而且好在我不是独自一人，迪克始终在我身边。查理的家人从外地来岛后需要隔离，不能出去办事。我和迪克帮忙采购，送吃的，取骨灰。两周隔离期满后，在海边举行了小小的追思和撒骨灰仪式。除了他的子女，还有我、凯琳、迪克、和查理的家庭医生（她是缅甸华侨，在法国受的教育，也是查理的太太、莱诺、和我本人的家庭医生）。她的致辞简短感人，说查理是她从业20多年中，第一个主动要求安乐死的病人，她很敬佩他的勇敢和理性。并说希望所有人到最后都能有一个像Sonia这样的守护天使。

送走查理的家人后，又是我和迪克的二人世界了。大家关心地问我，情况怎么样，别太难过了。我才意识到，我并没有太多的伤感：我已尽力，他也得到了解脱，和他曾共同生活了四十多年的太太在另一个世界团聚。我和迪克重新坠入爱河，更多的是像度蜜月的感觉。又是凯琳告诉我，没必要为此感到任何内疚，你又回到了属于自己的生命和生活，太难得了，尽情享受吧！

当下

现在，迪克戒酒已经一年多了。前些天他提醒我，别光忙着你双胞胎孙子孙女五周岁生日，和你儿子的生日，再有两个星期就是查理去世周年纪念了。我儿子的生日和查理的忌日是同一天，生和死就是这样形影伴随，贯穿在我们每日的生活中。查理去世周年那天，我用自己园子里的花草，编了六个花环，一个给他，两个代表他的女儿和儿子。另外三个是为我、迪克、和凯琳，我们三人把花环投入播撒了他的骨灰的海湾。

我在情感关系有重大变化时，多边恋的实践比较活跃，情感关系平稳时就主要是理念的参与。旧金山湾区多边恋团体每月的网上聚会我一般都参加，他们目前主要关注的是，在立法层面上，推动反对对多边恋个体在就业、孩子抚养权、和遗产继承等方面的歧视和不公平待遇。以哈佛大学和伯克利大学所在地为依托的多边恋团体，在东、西海岸率先推动当地立法，已初见成效。夏威夷因地域特点，多边恋团体比较分散。我下一步可能会较多致力于多边恋理念在较宽松的海外华人群体中的传播，以及本岛和本州多边恋群体的联系，为继同性恋、双性恋、跨性别之后，主流意识对开放关系/多边恋的接纳和认同，尽一份力。

迪克和我的两人世界很亲密和睦，但我们都知道，我们的关系没有封闭，始终是开放的。我是当地"圣洁大地"合唱团的成员，团的创始人尚娜是一个优秀的女作词作曲家，我们团演唱了很多她的杰作。她不幸患帕金森症十余年，但仍没有停止创作，经常来观看我们的排练和演出。她的丈夫是合唱团的吉他伴奏，常年对她无微不至地关照。她去世后约半年，合唱团的鼓手介绍她丈夫和我交往。我了解到，在太太病重后的七、八年间，她已经没有性生活的需求，但是也不愿意自己的丈夫和别的人有性关系，他一直信守着承诺。丧偶疗愈之后，他希望开始新的生活，尤其想尝试多边恋。我和他见了两次之后发现，可能因为禁欲太久，好像除了性，别的都引不起他的兴趣。我只好坦诚告诉他，对我来说，性只能因情而生，不喜欢单纯的性关系。我对他只有表面的好感，没有擦出内心的火花，而且我和迪克的性关系很满意，目前没有感到需要更多的或不一样的性经验。就这样，没有开始就好聚好散了。

来我岛旅游的我的女友们，多是中国人，也多是我的同龄人，而且单身，她们有的人一生没有感受过真正的爱，或者很长时间已没有性生活。我明确告诉她们我和迪克的多边恋取向，而且迪克是一个不可多得、不应该浪费的爱和性的资源，只要他们之间两相情愿，什么都可以，短期长期都没问题。

多边恋对多数中国人来说都是一个陌生的概念。中国近代人中可与多边恋挂钩的，也许可数民国时期的才女林徽因。诗人徐志摩为其魂牵梦绕，不惜离妻弃子。甚至最后飞机失事身亡，也是为赶赴心上人在北平的演讲。哲学家金岳霖为她终身未娶，而选择作为邻居默默守护。她与建筑学家梁思成结为伉俪，相爱一生。他们之间真挚坦诚、且有道德约束的多边恋关系，可圈可点。

在我众多来访的女友中，迄今为止只有一个人和迪克相互吸引，而且能接受开放关系。我们三个人各自有自己的房间，迪克和我吻别晚安后，就去她的房间和她亲热，完全按照她愿意和能接受的程度。她已离婚十年，一直没找到合适的，很需要异性的关注与爱抚；迪克喜欢多样性；我对新的多边恋的尝试感到兴奋，而且希望有人带她去玩儿，我可以多一点独处写作的时间；不是各得其所吗？

开始时，女友的顾虑是，她不愿做不感恩的朋友，夺人所爱。我告诉她，不必担忧，不是那么容易夺的，而且多边恋是喜新不厌旧。爱不是一杯水，分走一点就少一点；相反，爱是喷涌的源泉，浩瀚的大海，源源不断，取之不尽。迪克的顾虑是，我对他和女友的相互吸引欣然接受并鼓励继续，是不是因为我已经或者想另有所好。我的回答是，现在没有，将来如果有，他会是第一个知道的人。我对自己的顾虑是，我真的会没有嫉妒心而只感到同喜吗？

实践的结果，迪克是很好的多边恋情人，他对我们俩都很温柔多情，不让我感到被忽略，也不让女友感到有压力一定要有某种特定的性行为。当她有了性兴奋，又不愿意迪克完全进入时，就把迪克送回我的房间。这样可以使他们的关系循着健康的双方认可的限度进行。迪克明确地告诉她，在我们三者的关系中，我是主要的，她是二位的。她也不回避自己在网上和交友机构中仍在继续寻找，并分享候选人的信息，征求我们的意见。我惊喜地发现，自己在整个过程中，真的没有什么负面情绪，而且基于自己作为调解员和倾听者的经验，在三者的关系中发挥了很好的沟通和桥梁作用。

女友住了两周就回去了，但这对我们三人都是一段大胆的尝试和美好的记忆，而且在继续进行。

迪克说，在过去的多边恋关系中，他付出得较多；这也许是第一次，他是主要受益者，我的开放和宽容更增进了他对我的感情。他还说我用行动给他作出了榜样[2]，以后我有新的恋人时，他知道应该怎么做了。

我的另一个女友在交友过程中遇到了一种情况，一个男人能满足她对无条件的爱和安全感的需求，但缺乏激情和性的吸引；另一个男人能满足她对激情和性的吸引，但在其他方面很不靠谱。这两个男人是多年的室友和朋友。我的女友很希望两个男人能友好协商分享她，并为此做出了极大的努力。但是两个男人都摆脱不了强烈的世俗的独占欲和竞争性，又都不愿失去她。他们仍在痛苦的纠结中。令人忧虑的是，两个男人都有不同程度的情绪失控的前科，所以她的安全是她自己也是朋友们最担心的。这是不是在玩火，什么时候应该叫停。

他们三个人都没有多边恋的经验和学习就盲目地陷入了这种困境。她是愿意认真学习和尝试的；其中一个男友也比较理智和相对开放；而另一个人绝对不放手，也绝对不分享。这形成一个非常尴尬的局面，成功的可能性不大；但如果安全和有愿望，对每个人都是学习和成长的机会。

---

2 Model the behavior that I want to see.

结语

人类性关系的简要回顾与瞻望

在我 70 多岁的生涯中，有五个主要情感关系。第一个是从开始的传统婚姻到较为开放的婚姻，结果以离婚告终。以后四个都是从开始就是明确的多边恋关系，有的结婚了，有的没结婚。其中两个伴侣是多边恋的开拓者和老前辈，另外两个是全然新手。经验告诉我，从未接触过多边恋理念的人，是有可能接受开放式关系的理念和尝试的，因为这符合自然的人性需要。据美国最新估算，人口中约有 5% 的人在实行开放式关系，20% 的人曾经尝试或经历过[1]。这相当于会弹奏一种乐器的人在人口中的比例，比我们想象的要多。但在现阶段，开放关系仍然是非主流的小众文化，不为多数人群认可。但它是否代表了一种前瞻性的发展趋势呢？

让我们追本溯源，看看单偶式的婚姻制度是怎样产生和形成的。

美国心理学博士克里斯托弗·莱恩和精神病科医生卡西尔达，在 2010 年出版了《性在黎明时：现代性关系的史前起源》[2]一书。两位作者在密密麻

---

1 Thouin, Marie. 2021. *Compersoin in Consensually Nonmonogamous Relationships: A Grounded Theroy Investigation.* www.whatiscompersion.com.
2 Ryan, Christopher and Jetha, Cacida. 2010. *Sex at Dawn: The Prehistoric Origins of Modern Sexuality.* New York: HarperCollins Publishers.

麻 400 页的论述中，不遗余力地援引了动物学、解剖学、人类学、心理学的研究成果，回溯了 190 万年前至今的人类两性关系史。

他们指出，"人类的祖先一直生活在亲密的小群体中，大部分成年人在同一时段内都有数个性伙伴。这种性关系一直延续到农业经济和私有财产兴起之前，也就是距今不到一万年。"人类第一个有考古记载的一夫一妻的婚姻仪式，是在约 4,500 年之前的亚洲西南部的美索不达米亚[3]。在之后几百年中逐渐在古希伯来、希腊和罗马成为普遍的制度[4]。

当狩猎采集的原始生活方式过渡成定居的农耕文明；当盐的发现使狩猎物品得以腌制，成为可以保存的财产；当金属工具和耕畜的使用，提高了生产力，从原始社会初期为了生存必需分享，到原始社会末期有了剩余产品；农业生产力发展的结果产生了私有制。剑桥大学考古学教授史蒂文·米森[5]说："农业的兴起是人类历史决定性的事件，一个造就现代人类的转折点。"

在农耕文明之前的狩猎采集时期，男性只有狩猎工具，女性承担着生活、繁衍、养育的主要社会功能。农耕生产使男性成为主要劳力，母系氏族随之渐变为以男性为主的父系社会。随意交媾繁衍后代，分享共生的方式，不再适应剩余产品和父系结构的社会形态。随着私有制的形成，使作为主要生产者的男性，希望只有确定是自己亲生的后代来继承自己的私有财产。而唯一可靠的方法，是确认自己是生育后代的女性唯一的性关系对象。因而以婚姻的形式确立成一对一的配偶关系，声明"性"的独占性，女性成为丈夫的私有财产和从属物，成为独占私有的"性资源"。由此可见，婚姻制度的本质是私有产权制度，尤其是对性的独有权。[6]

生产结构决定社会地位。工业革命，尤其是二战，使大量女工进

---

3 Mesopotamia
4 *The Origins of Marriage*. "The Week". Jan. 8, 2015.
5　Steven Mithen
6 郑轶，参见起点人文 plus, 5/21。

入生产线，加之服务行业的发展，很多女性获得经济独立，或接受教育，不再依赖男性而生存。女性在婚姻制度中的地位，也从农耕文明中的从属关系，逐渐变为工业文明中的平等契约关系。但一夫一妻的单偶制仍是主流规范。

经过启蒙运动，在以信息科技为特征的现代文明中，"以人为本"的人文主义思想，已成为西方文明的基本价值观。个体价值 7 深入人心，组成社会最小单元的不再是"家庭"，而是"个人"，这从根本上挑战了婚姻制度存在的必然性。郑轶女士在她的文章中大胆宣称，"我们有生之年一定能看到现有婚姻制度的瓦解"。[8] 婚姻制度不是一夜之间出现的，也不会一夜之间消亡。她的观点是，这种制度已经过时，并在开始瓦解。她还指出：

"经济学一直是人类社会背后看不见的手"，"婚姻制度从诞生之初就是父权社会为了保护男性的财产与利益"，女性和女性的性也成了男性私产。"随着普世价值越来越深入人心....同时个体取代家庭逐渐成为社会最小单元，过时的单一的现有婚姻制度必然走向消亡，自然会被经济学和生物学所淘汰"。

让我们用一组数据来看一看当下世界的婚姻状况。

中国：离婚登记对数，从 1987 年的 58 万对，攀升到 2020 年的 373 万对。1987-2019 年，初婚离婚率从 5% 攀升至 34%。中国婚姻 2021 年度报告指出："中国人结婚少了、结婚晚了、离婚多了。"[9]

美国：离婚率从 1960 年到 1980 年增长了 236%。自 1980 年后稳步下降，在 20 年中下降了 35%，到 2020 年，离婚率仍为 44.6%[10]。2018 年，25 至 50 岁的美国人中有 35% 从未结过婚。据美国人口普查

---

7 Individualism
8 参见起点人文 plus, 5/21。
9 新浪财经，2021.2.23
10 美国 CDC 疾病防治中心，"全国结婚与离婚率统计 2020"。

机构估计，不婚人数将进一步创历史新高[11]。这种不婚趋势在日本和欧洲也非常普遍。

世界：根据世界 8 个国家平均婚姻延续的时间统计，意大利第一，18 年；加拿大第二，13.8 年；法国第三，13 年；澳大利亚和墨西哥并列第四，12 年；日本和英国并列第五，11 年；美国最后，8.2年[12]。

大家可能都知道上世纪 50 年代的《金赛性学报告》[13]，继此之后，又有 1974-1987 年的《海蒂性学报告》三部曲：女人篇，男人篇和情感篇[14]，全球销量五千万余册，被称为 20 世纪最重要的社会科学著作之一。其中据万份以上问卷揭示：已婚两年以上的男性中，72%有婚外性行为；60%的女人认为外遇是享受生活、追求自我的方式；结婚超过 5 年的女性中，70%有婚外性关系。从《金赛报告》到《海蒂报告》的 35 年间，女人发生婚外情的比例增加了三倍，几乎和男人比例相同。作者不禁发问："这表示男女地位变得比较平等，还是表示男女对婚姻的主体都感到不满？这是否预兆了我们的社会正在过渡到另一种状态？"[15]

不婚不等于不爱、不恋，或许可以爱得更自由、更多彩！

依郑女士的观点：

"婚姻可以是一种个人选择，而不是一种必须"。"中国是一个以农业文明为根基的千年古国，几乎没有经过工业文明时代而直接从农耕文明一脚迈进了现代文明"。"农业文明重视家庭，重视血脉的延续，农耕文明的根本文化习俗是稳定的定居。'我们必须结婚'是一种农耕文明的惯性思维；催婚、逼婚是具体体现"。"所有人都

---

11 Institute for Family Studies, U.S. /census data.

12 Shawn. 2021 "Divorce Statistics in America". The Hive Law.

13 《金赛报告》中文版，1993 年，明天出版社。

14 Hite, Shere. 1976. *The Hite Report: A Nationwide Study on Female Sexuality.* New York: Macmillan.

15 《海蒂性学报告》中文版，2016 年，海南出版社。

不知道婚姻制度在这个现代社会将如何调整适应。随着人工智能时代的到来，我们面临一场全球化的意识革命，且不说婚姻这种制度，全人类的命运都走在'无路之路'上 16，寻找着出路。我们的种种社会习俗、道德伦理、世界观、人生观、价值观、乃至宇宙观都将发生惊天动地的变化。我们的世界也将越来越多元，越宽容，每个人都能找到属于自己的生活方式。也许我们能做的就是打开自己的眼界和心智，不断学习和接受新鲜事物，不被旧的认知模式束缚，以不断适应这个世界的变化。勇敢拥抱未知和无常！"

令郑轶女士困惑的是，醒来了却看不到路：清楚了现有模式的不合理，却看不到更为合理的模式。

面对制度性的婚姻危机，《性在黎明时》的作者，在书的结尾诙谐地提出，让我们迎接一个"人人亮相出柜"17而进入"开放关系"的时代。尽管这未免过于夸张乐观，但对压抑、虚伪的两性关系状态，不愧为一个悦耳的铃声。

人类社会文明不断进步和开放，人们的选择日渐增多，越来越多的人开始具备"自觉进化"的意识，这些为开放关系和多边恋的理念和实践逐渐被主流意识接受，提供了肥沃的社会土壤。或许，目前仍占主导地位的一对一单偶制婚姻，只是人类漫漫的历史长河中，从自然自由性交，到自觉自由选择性交和情爱方式的一个中间过渡期。

毕竟，开放关系/多边恋只是我们应对现代婚姻制度的危机和挑战的选项之一，其他还可以有：维持传统婚姻，尝试开放式婚姻，交换情侣，独居，与异性、同性、或跨性别伴侣同居生活而不婚，等等。多边恋适不适合你，每个人还是要根据自己的情况和需要作出判断。安娜波尔博士在她的经典著作《多边恋-新型的博爱》一书中说 18：

"极大的可能是，人们从来没意识到，自己有可能从广泛的情爱

---

16 她使用的英文是 "Pathless Path"。
17 "Everybody Out of the Closet".
18 见附录 《多边恋 - 新型的博爱》

方式中进行选择，因为长久以来，大家只知道一个合法的形式，即单偶制婚姻，所以只能是遵从或者放弃。

　　尽管大多数人从本性上来说都不是终生单偶的，所以从统计概率上看你可能也不是。但这并不一定意味着多边恋是适合你的选择。做这种决定时，需要考虑一系列复杂的相互作用因素，而且最终你会发现有太多的未知数，最好的办法是'跟着自己的快乐和感觉走'。你可以对多边恋是否适合你开始有所思考。喜欢多边恋爱情方式的人有某些性格特点，你可以问自己是否具有或者希望具有这些特点。"

　　她列举的性格特点有：

　　与人有天然的亲近感　　有的人有音乐特长，有的人是天生的运动员。如果你具有与人亲近的天赋，善于给予和接受关爱，颇具同理心和共情力，乐于与一群人分享人生的喜怒哀乐，那么你则具有亲近人的天赋。如果没有这种天赋，可能和一个人建立亲密关系都要做出很大努力。而与人有天然亲近天赋的人会发现，自己很容易向很多人敞开胸怀而没有副作用。这种天赋常常引导人们进入"助人的专业"[19]，如护士，心理咨询，教师，社会工作者。这类人也会是好的管理人才和好的父母。

　　自我感觉良好　　愿意与别人分享自己的情人需要很高的自信心和安全感，相信与别人相比自己不会差。更重要的是一个基本的意识，即你的自我价值不取决于别人的看法和是否认同。这种素质可以使人在进入多重关系的未知领域时没有过分的恐惧心理，将难题变为挑战。这使你具备了必要的心理素质，即在选择了可能不被别人理解的爱情方式时，认可和接受自己。

　　善于同时做几件事[20]　　有些人没有干扰地集中精力做一件事时效果最好；有些人觉得很容易在若干过程中根据需要来回穿梭。这种

---

19 Helping professions
20 Multi-tasking

人常常比较喜欢广角范围的多样化的兴奋。如果你能同时应付几件事、几个项目和变换的需求，那么你也许也具有同时与几个人打交道而不失手掉球的能力。

喜欢强烈感　多个情侣意味着更多的活动，更多的交往，更多的能量，更多的兴趣，更多的变化，更多的义务，更多的协调，一切都更多！单偶情侣可能发现，在危机初起和迅速发展之间有相当长的平静，但当有更多的人卷入时，总是和某人有某事发生。好在较多的情侣也意味着，当其他情侣在一起时，你有自己的时间独处。但如果是你们都在一起，你会感到几个亲密无间的人在一起，本身会产生强烈的综合能量。如果你喜欢强烈，就会感觉是天堂；如果你不喜欢这种强烈感，你会希望还是单偶的好。

珍视多元化　每一个群组或家庭都需要接纳其成员之间的不同。如果你认为自己亲密圈中的人都和你完全一样才感到舒服，那么让更多的人进入圈中只会增加你的受挫感。选择情侣时需要注重有共同的基本价值观，但多边恋的乐趣之一是认可和珍视每个人的独特之处。

沟通的技巧　多情侣关系可能产生情感上的复杂化。你不需要完美，但是如果你缺乏对自身动态的把握和对群体行为的了解，你会很快感到迷惑。你在沟通协商，相互支持，表明自己需要，和突破自己及他人的防范借口方面越有技巧，你的烦恼会越少。

灵活，自然，有创造性　人们认为在一对情侣之间，至少多数情况是可以预见和控制的。所有有孩子的人都知道，对多个相互交往的个体的更恰当的形容词是混乱。成熟的成人应该比儿童更能规范自己，但是对有强烈控制欲的人来说，多边恋可能会是一种威胁。灵活性可以使一组成人在不同的情况下分享主导权，比如珍妮可以管财务，哈利管厨房，帕特管车。

对性爱持积极态度　你对多情侣有兴趣，可能是因为性欲较强，或你是双性恋，或者你想为你和情侣之间的性欲程度不合寻找出路。不论你的具体情况如何，显然包含了对性的考虑。除非你真的理解和接受自己和别人对性的要求，你不会在扩大了的性环境中感到舒服。

向往保持独立 如果在属于某一个群体或情侣的同时，保持作为个体的自我对你来说十分重要，那你会感到需要一个情感关系契约，认可你在现有关系之外与其他人亲近的可能。这种吸引出现时怎样处理，是另一个需要协商和达到共识的问题，但基本的一点是你不必假装某种欲望不存在。

团队精神 独立性本身使得长期与他人合作较为困难，但是如果能与团队精神相结合，则有可能创造强有力的双赢机会。如果你愿意为整体的利益做出努力，而且你认为从长远看，这比仅专注于自己个人的目标对你来说好处更多，那么你可能是多边恋的合适人选。

致力于个性和精神成长 多边恋是挑战性很强的一种爱情方式，尤其是在初始阶段。同时与一个以上的情侣有亲密关系，自然会促进你的个性发展。这对你的影响可能是正面的也可能是负面的，看你的动机如何。如果你希望通过这些关系，使你对自己的行为障碍和压抑的情感有清醒的认识和了解，以便给以释放，并增强自己的亲近力和亲和度，那多边恋是再好不过的机会。没有任何事情比同时与几个人亲近，可以更快地使你的'问题'表面化。如果你渴望有机会在自身成长上下功夫，那么多边恋可能适合于你。"

这是我在近25年前翻译的书，它当时对我的启发和激励，不亚于今天。为纪念这位多边恋运动的先行者和我的启蒙导师，特将原著的全文翻译附在本书后供读者参阅。

回顾我的多边恋的经历，从朦胧的潜意识，到明确的自觉选择，到成为一种真诚的信仰和身体力行的生活方式，这样一个非常规、非传统的路程[21]，我走起来似乎很顺畅、很自然，其中的乐趣远多于烦恼、纠结、挣扎。第一次听到"开放婚姻"和"多边恋"的说法，第一次看到这样的书，第一次参加讲习班，都没有怪异陌生之感，而是感到心灵深处的共鸣，好像是把埋藏在我心底的愿望挖掘表达出来

---

21 Unconventional path

了。这也许和我独特的共享式的成长背景、自幼理想主义的熏陶、好奇任性的个性、以及乐于学习和成长的特质有关。有了内在的基因根底，又到了一个开放多元的环境，则如鱼得水，顺理成章。

如果回答一点哲理性的问题，"为什么活""怎么活""活得怎么样"；我会说，"为感受和分享爱而活"，"跟着自己的需要和感觉走"，"活得挺开心"。

这条路我会继续有意识地走下去，但分享而不强加，也不期待适用于多数人。而是希望，当在亲密情感关系中，如果你或你的情侣有了另外的吸引，并不一定要立即全然排斥，或许可以换一个视角，给自己和相关各方多一些思考和探索的空间。

我是一本敞开的书，任人解读。

开放关系对我来说，是开放的眼界，开放的胸怀，开放的心态[22]。

多边恋对我来说，不仅是生活和爱情方式的自觉选择，更是我的信仰，是一种为人处事的状态[23]，是自我提升的路径，是我的精神灵修之旅[24]。

我是多边恋。我是爱。

作者注：

如有问题或愿进一步探讨，可联系：polyxn255@gmail.com

---

22 Mindset
23 Way of being
24 Spiritual path

附录译作

多边恋 - 新型的博爱

原著：【美】心理学博士 黛博拉·安娜波尔

(1951-2015)

Polyamory: The New Love Without Limits

Dr. Deborah M. Anapol

作者简介

　　临床心理学博士安娜波尔，是自上世纪 80 年代在美国兴起的多边恋运动发起人之一。她是一位非传统的、前卫的医务工作者、作家、和教育家，从事有关亲密关系和性疗愈教育数十年。主要著作有：《无边无际的爱》（1992），《多边恋－新型的博爱》（1997），《爱的七个自然法则》（2005）[1]，和《21 世纪的多边恋》（2010）。她是美国多边恋全国性组织"爱多多"的共同创始人之一，也是《性与心的融合》[2]影碟制片人（2012）。曾在世界各地举办多边恋讲习班，被美国多家电视台采访报导，并获得伍德哈尔自由基金奖[3]，表彰她在确认"性自由是基本人权"方面的努力。

　　她于 2015 年在英国讲学时意外去世，享年 64 岁。

---

1 *The Seven Natural Laws of Love.* CA: Santa Rosa, Elite Books.
2 *Pelvic-Heart Integration*, a three-part DVD video.
3 "Vicki" Award from the Woodhull Freedom Foundation for her work affirming sexual freedom as a fundamental human right.

序

"在道德模式变革的初始阶段，人们可能会感到动荡不安，有越轨和负罪感，觉得与习以为常的步调脱节。"

—— 卓恩·星尔《爱的能量》[1]

本书献给千百万困惑中的人们，他们在传统的爱情关系中"失败"，深感愧疚、孤独、耻辱；也献给人数在不断增多，为自由而牺牲家庭的单身者们；还献给那许多勇敢无畏的灵魂，他们的成熟程度已经超越盲目接受一夫一妻的单偶制为唯一合法的情爱方式，而率先涉足新型爱情领地。

本书也给多边恋者的家庭、亲友和情侣们，他们对这一尚未被理解的情感关系取向感到疑惑、窘困甚至惊恐。多边恋与单偶制一样，有健康和不健康的表现形式。我们希望通过描述健康的多边恋是什么样，什么感觉，来提供某些标准，而不是单纯以情侣的数目来区别什么是病态的，什么是爱的关系。

我们的文化急需一套新的性道德理念，即在我行我素的性自由革命，与过时的一生厮守一人之间找一条中间道路。我们需要现实的指导，它来自构成我们今天世界整体的所有多元文化的最高智慧。

事实上，不论是否愿意对自己承认，我们多数人内心深处都趋于多边恋。当今社会最通常的情感关系形式是'连续性单偶制'[2]（其实并非真正意义上的单偶）。这不是偶然的，连续性单偶可被视为更接近我们真实的自我。不像终生单偶制，连续性的单偶允许我们表达多

---

1 *The Energies of Love* by June Singer
2 Serial monogamy

边恋的本性，与此同时维持单偶制的假设，而其间多个情侣被时间阶段分割。对某些人来说，结婚-离婚-再婚的循环是最好的出路。

但离婚比最初想象的越来越令人痛苦和具破坏性。孩子们为我们的自我欺骗付出的代价太大。我们都需要温暖安全，长期稳定的家庭的哺育，所以一定要设法创造一个不违反我们固有本性，又能持久的亲密关系形式。感情不忠或更多的性表达欲望，是导致婚姻离异的主要原因。我们肯定能找到比离婚更具想象力的替代性解决办法。

不止与一个伴侣有亲密关系的能力和愿望是与生俱来的，但这不是单偶制关系失败的唯一原因。在现实中，很多人没有足够的成熟和技能与一个情侣相处得好，更谈不到有能力处理一个以上的情侣关系。所以归根结底为一点，人们应开始认识到，我们非单偶的本性，与单偶制的传统之间的冲突，是促使我们寻求新型情感关系的真正缘由。

对目前我们所处的困境有许多可能的解决办法。本书仅对其中的一种选择进行探讨，名为多边恋或称负责任的非单偶制。直到不久前，还只有少数人的成熟和承受度能达到对这一选择方式进行探求。最好的评论也不过视其为乌托邦幻想。然而我们的社会已迅速成长超越了其少年期，这部分是出于对威胁人类生命延续的全球性危机的一种反应。

多边恋是那些渴望扩展其社会视野，包括宽容多情侣关系的人们，所选择的一种可行的替代性理念，这个时代已经到来。

第一章　什么是多边恋

"爱是最广博，最巨大，最神秘的宇宙之力。"
　　　　　　　　　　　　　　　　— 皮埃尔·沙丹 [1]

"多数人在爱情中有忌妒心和独占欲。当爱情变为独占欲时便有了要求。这种要求使你和所爱的人疏远，同时也将愤怒和惧怕注入两人的关系中，使人变得怨恨和有攻击性。这样，你所谓的爱，不论是个人之间或是宏观群体之间，事实上变成了占有和控制，麻烦问题也就随之而来"。
　　　　　　　　　　— 韦恩·戴尔《伊克斯的礼物》[2]

　　我们的文化如此强调单偶制，以至很少有人意识到，他们有权利选择在同一时期内有数个性爱关系伴侣。更令人难以相信的是，多情侣关系可以是长期稳定的，负责任的，相互同意的，而且有益于身心健康。多边恋决不是滥交的同义语。

　　我自己也是很多次失败之后，尝试了若干一般的所谓爱，即占有性和依附性的感情关系失恋后，才意识到多边恋其实是一种可能的选择。随着时间

1　Pierre Teilhard De Chardin, 法国哲学家。
2　*Gifts from Eykis* by Wayne Dyer, 外星来访者对地球人的观察。

的推移，我开始感到对我来说，单偶制的婚姻关系使人深感隔绝孤独得让人难以忍受。这在很大程度上是因为对可以爱谁限制太多。我那时的丈夫，只有在确认我只爱他一个人，不想要任何其他人的前提下才愿意爱我，接受我。

但事实上，我仍深深怀念所有过去的情侣，而且有时遇到别的人感到很有吸引力。当然我可以压抑这些感情。但根本问题是，为了维护我单偶制关系的承诺，我不得不装扮成不是真正的我。如果我承认别的男人对我有吸引力，我丈夫会很快让我知道我出线越轨了。更糟的是，因为他所受的教育培训，很会对人察言观色。除非我非常小心地掩饰，他非常容易觉察我被别人吸引的迹象。所以我们的关系不让人有亲密感，因为实际上并不亲密。

同时我也开始感到，和一个情侣有大约四年的完全单一的关系之后，我越来越感到躁动不安和不满意。最初我以为解决的办法是再找一个新的更好的情侣。有了几个这样的四年周期后，我意识到我不过是在一次一次地重复情感的初始阶段。我所看到的我父母一代的长久婚姻，多数似乎在几年之后便进入自然习惯状态，在我看来吸引力不大。尽管如此我还是相信，真正的亲密关系可以在漫长的岁月中逐渐形成。我想找到一种在情感的中后期仍可使亲密关系持久的方式。

我知道我自己渴望给予并接受无条件的爱。但我只是在婚姻之外感受过这种完全的认可和接纳，比如在特别的友情，和心理咨询或精神灵修教诲中感受到真正的亲近。此外多数的情感联系其实是保护性的交易。我知道我自己可以同时爱不止一个人，所以我假设别人一定也可以。奇怪的是我从来没想过多边恋可以和婚姻并存。于是我决定告别婚姻，开始寻求持久的亲密关系。这真是一个不寻常之旅！经历了很多年和又一次结婚离婚，我才领悟到，使亲密关系富有生命力的秘诀其实很简单：每时每刻保持完全真实的自我和彻底的诚实。以真实、自我负责和无条件的爱为基础的情感关系可以采取多种形式，但任何保留，哪怕是一点点，也会逐渐使任何关系腐蚀退化。我的经验证明，在相当长的时间里爱不止一个人是完全可能的。我把这种爱情方式称为负责任的非单偶制，或多边恋。

有关事实

从严格的意义来讲我们中的多数人都不是单偶的，即在我们的一生中不只限于一个性伙伴。人口统计数据表明，世界性的倾向是夫妇结婚四年后开始离异。[3] 尽管很多人希望连续性单偶关系，或某一时间内只有一个情侣，但全国性的社会调查一再显示，美国人多数不严守这一规则。不同的统计表明，已婚男性中有婚外情的占 37%至70%；女性有婚外情的占 29%至50%。这个比例还在增长，特别是在女性中，因为越来越多的已婚女性走出家门工作，有更多的机会遇到未来的情侣。未婚或单身男女中同时有数个情侣关系的比例则高的多。

遗憾的是绝大多数多情侣的感情关系既不道德又不负责任。说谎、欺骗、负疚感，单方面做决定和不遵守承诺，在典型的美国式的非单偶关系中司空见惯，以致使负责任的非单偶制一词听起来像是矛盾的。当欺骗、不忠、通奸之类的词语被用来形容性爱忠诚破裂破裂时，离婚便是自然的事了。

因为我们之中太多的人因所受的教育而相信，多边恋无论是对上帝，对父母，对爱人都是绝对不可以的，因此我们看不到在生活中包括一个以上的性爱情侣关系其实是完全可能的。我们使自己无法想象自愿地分享一个爱人的快乐；无法想象我们可以设计一种负责任的多边爱情方式，而这种方式对我们自己，对我们所爱的人，以及对整个世界都有益处，也符合基本的精神道德原则。

这样做并非易事。但保持绝对单偶也不容易。多边恋要求相当的

---

3 Fisher, Helen. 1992. *The Anatomy of Love: The Natural History of Monogamy, Adultery, and Divorce.* New York: WW Norton.

成熟度，自爱自尊，沟通技巧和全身心的投入。如果你不愿做必要的准备，多边恋则不一定适合你。但是如果你珍视爱情的深度、丰富、激情以及成长的机会，珍视到愿为之付出自己拥有的一切，那么多边恋可以是一个很有回报的选择。

有关定义

那么到底什么是多边恋？多边恋一词起源于希腊和拉丁文的词根，意为"许多的爱"。我用它来描述一系列多种情爱关系是基于这样一个理解，即爱不能被强迫使之向某一方或不向某一方向发展。得以自由扩展的爱，常常自然可以包括几个人。但对我来说，多边恋更多是关于一种心态，而不是情侣数目的多少，这种态度可以让爱没有期待没有要求地自然发展。

多边恋一词，最初是由全球教会创始人奥伯伦 [4] 和晨荣教会的左尔[5]建议使用的，用来代替拗口的负责任的非单偶制一词。过去几年间，电脑网络的普遍应用使这一词汇广泛传播开来。尽管如此，认真审视一下负责任的非单偶制一词，可有助于我们更好地了解多边恋的含义。

"非单偶制"尽管念起来不太顺口，但比这个术语的另一部分"负责任"要容易解释得多。非单偶制过去的用法是指人的一生中有一个以上配偶；现在是指在同一时间段内有一个以上的性伙伴。至于这些伙伴是否在法律上或精神上结合，以及他们的性关系如何，对非单偶制的定义来说都不重要。我们所指的是不限于两个人之间的所有形式的情爱和性爱关系。

单身的人同时与一个以上的人交友是非单偶。夫妇与其他人有性关系，不论另一方是否知道或同意，也是非单偶。三人或更多的人

---

4 Oberon, the founder of Church of All Worlds.
5 Morning Glory Zell

认为他们之间是婚姻关系的是非单偶。一个人有一圈有性关系的朋友是非单偶。有了新情侣之后又与前妻前夫或以往的情人恢复性关系的是非单偶。甚至选择禁欲独身完全没有性伙伴的人也可以（在感情上）是非单偶的。

过去几十年中已有了一系列的词汇来形容某种形式的负责任的非单偶关系，例如：多忠诚，开放式婚姻，开放关系，群体婚姻，多边婚姻，亲密网络，三人行等等。还有一些不太具体专指的词汇，包括大家庭，不排他关系，亲密友情，和包容性关系等。

多边恋可以涵括以上所有，而又不限于其中任何一种形式。多边恋甚至可以包括目前是单偶的伴侣，但不一定有意永远保持封闭的关系。所有这类关系的共同点在于它们既有性又有爱，是性与爱的合一。换言之，我们所指的不是随便的无选择的性交。

多边恋关系的另一个共同点是，它们是有意识地选择某一爱情方式，而不是单纯地盲目接受某一时期或地方最普遍流行的情感关系模式。在多边恋关系中，你可以设计一种最适合你自己需要的方式，而不是机械地循规蹈矩。

多边恋在意向和做法上可有许多不同形式。有的多边恋关系类似传统的单偶婚姻，强调该群体有一不可渗透的外围，群体内严格按照族规办事（有时称为社会契约），个体成员的愿望要服从群体需要。我称这种关系为旧模式，不论其为多边恋或单偶制。

其他多边恋关系的主要焦点是使这种关系为其成员的心理和精神成长发展服务。这类关系偏重强调以真实的自我对现实情景做出反应，自我主宰，所爱的人其实是自我感觉的镜子和反射。这一新模式的感情关系可以是单偶的也可以是多边的。当然现今很多人是处于过渡状态，试图将新旧模式以及单偶和多边爱情方式的因素加以混合。搞清定义有助于我们明确自己所要找的方向。

再有一点我们必须意识到的是多边恋形式的多样化。为说明这一点我们需要特定的术语，以使讨论时不必使用含混不清或有价值褒贬的词汇。为此目的有必要介绍以下术语：

主要情侣关系[6]：时间长久、有承诺，类似婚姻关系的情侣关系为主要情侣。一般来说主要情侣住在一起，分享收入和子女教育，共同做决定。主要情侣不一定在法律上结婚，但他们实际上是一个紧密的家庭，相互依存。

第二位情侣关系[7]：第二位情侣伙伴也可能是时间长久，有承诺的性爱关系。但一般来说他们不住在一起，财务也分开。他们彼此看作是亲近的朋友而不是直接的家庭。第二位情侣伙伴可以在彼此的家庭中起到像血缘大家庭中的叔叔、姑姑、舅舅、姨妈和表兄弟姐妹那样的作用。

第三位情侣关系[8]：仅仅偶尔在一起的称成第三位情侣。他们的交往接触可以非常亲密，但他们在彼此的日常生活中不占重要位置。

多边恋可以是任何数目的情侣以任何第一，第二和第三或其混合形式存在的关系。尽管有些多边恋的人反对在情爱关系中划分层次等级（如旧中国传统中的"大太太"之类），但不同层次的亲密关系会自然形成。这种形式的多样化，加上形式看上去类似而内在互动因素的完全不同，结果是创造了一种不同于我们所熟悉的、千篇一律公开宣称为单偶制的社会文化。这一多样化促使我们在寻找伦理道德的准则时，注重的是情感关系的质量而非其形式。

多边恋有哪些形式

开放式婚姻或开放式关系　两者均为不排他的配偶关系，主要区别在于是否正式结婚。在这种关系中情侣们都同意每人可有另外的情人，且关系网内的游戏规则及限制多种多样，可以有很大不同。

---

6 Primary relationship
7 Secondary relationship
8 Tertiary relationship

亲密网　在这种爱情方式中几个第二位情侣关系同时并存。有时组内所有成员最终都成为情人关系；有时一个人和组内的两三个人是情人。该组可以只包括单身，只包括夫妇，或两者兼有。对亲密网的另一种形容是一圈有性爱关系的朋友。

群体婚姻或多边婚姻　两者都是包括三个或三个以上情侣，有长期承诺的类似婚姻的主要情爱关系，可以对圈外的其他性伙伴开放，也可以不开放。

多忠诚关系　三个或更多主要情侣，只在本圈内有性关系。如有另外情侣加入，圈内每人均需同意。

三人行　有三人参与的性爱关系，可以都是第二位，都是第一位，或两个人是第一位，第三者是第二位的。可以是开放的或封闭的，异性的或同性的，但经常是两个同性别的双性恋者，加一个异性的直男或直女。

什么不是多边恋

也许你在疑惑，多边恋是否包括性伴侣交换或称换偶[9]。表面看来，多边恋与性伴侣交换像是一回事。两者之间确有重叠之处。但在性伴侣交换中，尽管一般都是诚实的和双方同意的，性伴侣交换的主要着眼点是娱乐性的性交，而不是亲密情爱。我的看法是，性伴侣交换者一般是以性行为开始，以后可能慢慢成为朋友。在多边恋中，多数是作朋友在先，性行为在后。性伴侣交换可以最少的感情投入取得最大限度的性感受。现实中，很多参与换偶的夫妇或情侣事先有约定，不能与进行性交换的伴侣相爱。因此我认为性伴侣交换是一种混合：情感上的单偶制同时允许非单偶的性行为。有些人以尝试性伴侣交换开始，结果意识到他们更喜欢多边恋；有些人则相反，反之发现

---

9 Swing

自己其实不喜欢多边恋而更喜欢换偶。

换偶与多边恋的另一不同之处是，换偶较富商业色彩。一些大型会议，高档杂志，热带旅游团，以及全国性的性伴侣交换俱乐部，等等常常为寻求性猎奇的人提供快乐场所。多边恋不是一种娱乐性活动，而是另一种生活方式，包括在经济财务，营养饮食，以及政治观点等方面不同于一般的选择。多边恋对不同的性取向更具包容性。各地的多边恋社团更热衷于讨论会，自带食品晚餐聚会，而不是迷恋于性感内衣或最新款的性玩具。

多边恋不是玩弄女性，不支持不断寻求新的性伙伴的无节制的性欲。多边恋与证明你是否是一个真正的男人或女人毫无关系。它绝不为秘密婚外恋提供借口，或作为一种手段宣称自己的独立性的手段。多边恋不是为了性而性，而是一种心与灵的追求与表达。

怎样共享情侣

有些时候事情的发生是人为设计的，有些时候是没有计划的，有的时候只是一种可能。命运将我们带入未知，使我们的心历路程更具自觉的自我，更具广泛的包容而无限开阔。有更多的人融入你的生活中，会使你最本质的吸引人之处光彩倍增。

首先，将陈规旧俗的观念拒之门外，包括顾虑别人会怎样看。学会区分表面形式与实质。情侣关系中的幸福来自分享的爱的感受，而不是外表形象的完美相配。要问自己，我对这个关系的感觉如何？相信自己的直觉。如果你内心很清楚自信，是快乐的爱的结合，很可能你的情侣会是同样的感觉。如果你有疑问，应找思想开放的朋友或客观的心理顾问咨询。

其次，不宽容欺骗、秘密和谎言。这不是说要向全世界公布你的爱情生活的细节，但是隐瞒和欺骗会伤害所有相关的人。很多人开始多重关系时因为内疚、嫉妒或怕被排斥而没有与配偶或情人商量。要想从多边恋中受益，至关重要的一点是所有相关者应该完全清楚地知道相互关系的状况。如果你和你的情侣不想冒险让所有相关者都知道真相，那最好还是保持单偶，这样对大家都好。情侣们之间应彼此信任，并知道除你之外，他们还有自己的情感关系。而且应该约时间大家聚在一起会面。如果某一情侣不愿参与共同沟通，应搞清楚障碍是什么。如此人无意做出努力克服障碍，应引起注意。

再次，弄清楚自己的人生价值与目标。要始终如一并对别人说明自己的意图。不要因自己情绪的变化误导可能的情侣。如果你的主要目标是保持你的生活简单可预测，没有复杂瓜葛，你就可能不会花很多时间和精力，去维持包容性强的多种关系。有一个以上的情侣，不一定是无止境的马拉松式地不断结识新人，但一定是要对感情敏感，自我意识清楚，有理解他人的能力，和能够明确地表达沟通。如果你不是已经具备这些能力，则必须努力培养。参与一个以上的亲密关系会促进人的个性成长，也会增强与外界的联系和活动。去寻找和你有共同需要和向往的人，不要强求。列出你所向往的情感关系结构的利弊。具体想象你所希望的是什么，并静思自问，我需要怎样改变才能使之成为现实？[10]

---

10 Swing

第二章　多边恋的道德准则

"不对别人表达自己真实的感觉也是一种秘密。如果某人说的某句话或某件事让你生气，或你看到某人可在哪方面有所改进，但你都不说，也是秘密....任何时候你对自然真实的自我的保留也就是在对你所维系的关系制造谎言。这时情感关系变成了一种假象，因为你对真实的自己和别人都不了解。"

—— 丽萨·罗亚[1]

在某种意义上说，负责任的关系就是负有责任，无论单偶还是非单偶。但是只有一个情侣时，可以比较容易轻松应付，并在一定时期内避免严重误解。而在多边恋中，完全清醒有意识地形成和调整关系则至关重要。这一方面是由于多边恋关系本身就比较复杂，另一方面也是由于，我们大多数人缺乏在新型关系模式中运用某些规则的经验。

多边恋本身就是对我们习以为常的观念和生活方式的挑战，自然会引起某种程度的不安。这种不可避免的成长痛苦，加之如果碰上一个心不细的情侣，不太顾及他人的感受，会使人感到愤怒。这

---

1 Lyssa Royal

两种痛苦加在一起会很难使人相信多边恋可行，或愿意去尝试获取这种有价值的报偿。毫无疑问，有时看起来你的情侣是在故意伤害你，但更可能的是他们其实是无知，如同我们所有人进入不熟悉的新领地时一样。最好的办法一般是宽容谅解，但不等于遗忘。而且如果能记住以下要点也许会有所帮助。

负责任的情感关系指南

共同做决定

也许一个有道德的负责的感情关系最基本的要求，是所有参与者对形成和制约此关系的条件要求，有自由的共识。这在单偶制比较简单：双方均排斥他人。在多边恋中则需要对在什么时间、怎样、和在什么程度上加入其他情侣做出决定。依照老的模式这并不难：制定规则，违规有罚。新模式则更简单：允许任何可导致你对自己有更深了解的事情发生。复杂的是处于两种模式之间。稍后我们会对这一问题作更多的讨论，目前只简单说明，多数情侣和其他有承诺关系的群体认为，对新的主要情侣的加入取得共识效果最好。

对某些基本游戏规则达成一致意见之后，如有变化，需要和所有参与者协商。对一个多边恋的人来说，这首先意味着自己清楚并对情侣说明，你想要的关系规则是什么。这最好是在进入有承诺性的关系之前，但晚一些也比没有强。不要为了一时的平和而同意自己不愿意遵守的规则。让冲突早些表面化，比以后感觉受制约和强迫要好。自己一定先要了解有哪些可以选择的可能，并弄清哪种选择最适合自己的情况。你会发现多边恋与民主制很相像，即对受过教育的和参与性强的公民来说是最好的制度。

诚实性

值得信赖和靠得住是负责任的两个基本方面。说谎、欺骗、或隐瞒情况的人很难让人信任。对自己和对情侣完全彻底地诚实在多边恋中尤其重要，因为在多边恋中不可避免地会产生害怕心理和嫉妒心，这种情况下坦诚的沟通是最好的处理办法。建立信任的基础是，你知道你的情侣会将其感受和行为真实无保留地告诉你。这样在探索多边恋关系时才有可靠的前提。由于害怕被拒绝，而对可能的情侣隐瞒自己多边恋的倾向是可以理解的，但又是不负责任的，从长远来说有隐患。诚实包括对情侣说明你的意向和对你来说什么是重要的。向情侣透露对方比较难接受的信息时，当然需要认真考虑什么时间和用什么方式比较好，但是一定不要以怕伤害别人的感情为借口而隐藏秘密。

对自己真实的想法和感受有所保留，对情侣和对自己造成的伤害一样大，因为在两人的关系中用隔阂取代了亲密，阻止了情感交流的畅通。迟早你会发现，感情上的保留和距离，以及因为不能讲真话所自然引起的不满和怨气，在窒息扼杀你的爱情和对性的反应。保持关系的亲密绝对要求完全的诚实。

相互关爱

在多边恋中，所有亲密者的健康和幸福都必须被考虑到。主要的或婚姻的伴侣，有较频繁性关系的第二位情侣，和偶尔有性关系的第三位情侣都属亲密者而应受到尊重。"这种关系是否对每个参与者都有好处"是我们需要问的一个前提性的问题，这个问题体现了真诚的关爱。在负责任的关系中，最起码要对所有参与者都没有伤害。在充满关爱的关系中不允许经常相互指责，发泄不健康的情绪及其他陋习行为。这不意味着参与者不会被平和地要求做某些可接受的自愿调整，以适应他人的需要或愿望。相互关爱的关系也不会强迫某人超越自己的限度，或试图说服或迫使某人去冒不必要的风险。关爱也包括自觉地采取措施，避免怀孕和性病的传播。尽管在关闭性的多情侣关系中，性病的风险不比单偶制大，但在开放的关系中，一人的疏忽显然会给多人带来风险。同样，正如一个意外的怀孕可能会使一个单偶关系产生危机，意外怀孕也会很容易毁掉一个多边恋关系，因为人原始的嫉妒会在不适当的情况下被触发。

承诺

每个人对彼此以及对整体关系的承诺程度，取决于你所选择的是第一、第二、还是第三位关系，以及你是想采用老的还是新的关系模式来运作。每个人都需要意识到的是，有感情意义的性关系会形成一生的结合，情侣不能像隔夜垃圾一样被丢弃。如果你是处在与一个或几个人的多边恋关系中，你的情侣们需要知道，你不会因某一闪念而突然消失，或是因为害怕，或是你又找到一个别人，他（她）希望与你保持单偶关系，于是你就与其他情侣不辞而别。如果大家没有承诺共同努力，加强和改善现有的关系，增加新情侣只会导致嫉妒。更糟的是，如果没有对超于每个人本身的某种更高境界的承诺，则很难作为一个整体来行动。

对某种关系的承诺，不意味着发誓无论如何厮守到底，而是说你一定要使你的情侣们双方适合的方式终生相互支持。所以，如果你只是在打发时间等待找到更合适的人，那么你会发现实行多边恋很难。避免这一困境的最好办法，是不将自己置于介乎两者之间的处境。如果你与某人有性关系而又觉得不合适，而且对方是在寻找更深的关系，最好诚实地告诉对方你不想有承诺，以给对方机会终止关系。如果你是处于一个所有情侣都有否决权的主体关系，那么应该让你的非主要情侣知道，你们的性关系有可能在短时间内停止，但你会长期保持友情。

最后，如果你是单身而且不想与任何人有主体关系，你仍需要将自己的无承诺意图对所有情侣说明。一定要使你的情侣们开始时就知道你想保持单身和多边恋的意图，以免日后误会。

正直守信

正直就是信守承诺，也就是让人觉得值得信任。这要求言行一致，按你说的去做，不论是如洗碗之类的小事，还是信守合约让情侣知道你的惧怕心理这样的大事。这首先要求你对自己有充分的了解和接受。否则会出现你自身的一部分想做某种许诺，另一部分却没有意图信守。这种情况常出现在宣称为单偶的人身上。当你一旦发现并接受了自己的多边恋倾向时，多边恋部分的你理解了你会珍惜保护其利益，这一部分的你则会自然实行节制，并找到不致伤害别人的自我表达方式。

我通过自己的痛苦经验还认识到，在多边恋关系中，正直守信还意味着，如果某种承诺涉及他人的合作，在征得所有相关人同意之前，不可做单方面的承诺。

尊重每个人的界限

主要情侣之间协调成为一个整体固然重要，尊重每个个体的需要，珍惜每个人带给群体关系的独特品质和贡献亦是绝不可少的。在两个人的关系中有时都很难保持自我，在一个群体中丧失自我会更使人感到害怕。

一个群体如果不能容许不同的看法意见，不认可个人的经验和直觉，则有危险变成一种迷信崇拜，或者更坏，成为旧式专制的家庭。个人界限的模糊会导致迷惑混淆，进而导致不协调和病态。一对情侣可能最终会爬出泥潭，三个以上人的群体最好从开始就避免这种情况的出现。

多边恋是不道德吗？

负责任的非单偶制是否在词义上即自相矛盾？多边恋是否本身就是不道德的？许多人认为圣经对通奸的禁止，使多边恋自然从道德上不可接受。但我们应该记得，许多宗教长老都是一夫多妻或多妾的。教父阿布拉罕姆[2]，勇士诗人大卫王[3]，和智慧的所罗门王[4]都是非单偶的。他们是否是通奸？绝对不是。人类学家海伦·菲舍在《爱的剖析》一书中指出[5]，按照摩西法律，只有和已婚妇女有性关系是被禁止的。戒律反对通奸的目的，是保护男人对财产的权力不被女人得到，而不是禁止男人有数个夫人或情侣。当然我们的现代世界已很不一样，所以让我们来看一下一些当代宗教领袖是怎样看待有道德的亲密关系的。

圣公会神学家卡特·黑沃德[6]强调对承诺的忠实信守，同时说明，信任包括"相信我们每个人对其他人诚实，了解和关爱是建立在每个人真实的自我之上，而不是我们希望他们是如何；而且每个人迫切希望别人能过得好"。

黑沃德博士又指出，对主要情侣关系的忠诚并不要求恪守单一配偶，但是一定要求彼此诚实和尊重彼此的感受。任何性的选择，包括单偶制，可以是彼此隔阂的也可以是彼此忠诚的。

黑沃德博士还说明，从历史上来讲单偶制起到了有利于妇女和儿童的作用，因为男人必须为家庭提供经济保证，同时也使与丈夫之外的男人有性关系的妇女受到经济上的保护。在现代西方文化社会中，妇女已取得某种平等，不再在以往的意义上需要单偶制。单偶忠诚成为一种选择，即在有极强烈的爱和性的情况下，选择建立和维持单偶式的忠诚和信任。

黑沃德提醒人们，在单偶制下，配偶可能会掩盖自己的真实感觉、惧怕和欲望，因而妨碍人的成长。他说："对单偶关系无检验的静止的承诺"可以被用来轻易地毁灭忠诚，正像轻易地用来保持忠诚

---

2 Father Abraham

3 King David

4 King Solomon

5 Fisher, Helen. 1992. *The Anatomy of Love: The Natural History of Monogamy, Adultery, and Divorce.* New York: WW Norton

6 Episcopalian theologian Carter Heyward

一样。换言之，多边恋和单偶制都是道德中立的，即其道德性在于我们怎样在自己选择的情爱关系中行为，而不在于选择哪种形式。

已婚的天主教神父罗伯特·夫兰克博士[7]提出了"灵活单偶制"概念，允许在长久的婚姻中夫妻双方可以有其他性伙伴。夫兰克认为，灵活单偶制（或多边恋）优于"连续多偶制"，即连续若干个时间不长的单偶婚姻。夫兰克感到灵活单偶制更稳定，更适应现代生活的压力。

阿瑟·瓦斯科就教于犹太复兴学院[8]。他指出，尽管对多数犹太人来说，既定规范是性的单偶，但规范常常被违反，因为实际生活中很多夫妇难以做到。他因此建议由夫妻自己决定是否实行单偶，而且只有在夫妻一方违背了实行单偶的承诺的情况下，婚外性才可被视为通奸。

他还指出，历史上犹太教的传统是允许一夫多妻的。后来被取缔，一方面是为了保护妇女，另一方面是因为西方文化对一夫多妻制的蔑视。他说，也许更好的做法是取缔禁锢，而允许男女都可有若干情侣。他的结论是，我们应该问，事实上的通奸是否比法律上的多偶制危险性小。

佛教法理注重的是性行为的结果效应，而不是行为本身，主张避免会引起他人痛苦，或造成对他人伤害和对自己有所困扰的行为。根据古老的佛法六训，一个有道德的人与另一人有性关系时，必须考虑到他们自己的快乐，情侣的快乐，以及最有关的第三者的快乐。如果这三个人都得到满足，那么多边恋就不是通奸而是完全可接受的。[9]

巴哈依教的创始人，十九世纪的神秘主义者巴哈拉，[10]是穆斯林文化的产物。该文化中只有男人可有一个以上的妻子，女人的地位极其低下。作为妇女权利和家庭价值的坚定卫士，他对这种一夫多妻

---

7 Dr. Robert Francoeur
8 Arthur Waskow, who teaches at the Reconstructionist Rabbinical College
9 Sutphen, Richard. 1995. *Radical Spirituality.* Malibu, CA: Valley of the Sun.
10 Baha'u'llah, founder of the Baha'i Faith

制深感忧虑。他认为，如可兰经所教导的，在一个有伦理道德的婚姻中，配偶应有完全的平等。他强烈谴责不顾及这一水准的一夫多妻制。在这样做的时候，他无形中成了现代多边恋的第一位代言人。

多边恋的行为准则和上述当代宗教界人士的看法都认为，在评价任何爱情方式的道德性时，不应盲目地遵循某一规范或习俗，更重要的是要问：

这种关系对其中的参与者，对其可能产生的孩子，和对他们之外的世界是否有积极作用？

这种关系是否能有效地服务于基本的家庭生活职能？

这种关系是否与我最深信的价值观念一致？

我们这些选择了多边恋的人，对上述问题可以响亮地回答说"是这样！"下面章节中会有进一步的论述。

第三章 多边恋适合我吗？

"性是神圣的而不是牢狱。尽管单偶制可以是美好和神圣的结合，它不一定是适合每一个人的最好契约。我们关于单偶制天生优于任何其他形式契约的理念制造了一个虚伪的国度....使我们变成伪君子。"

—— 玛丽安•威廉姆森《一个女人的价值》[1]

如果你和多数人一样在我们的文化中长大，你会假定你最终的归宿是一个异性的单偶婚姻。你也许从来没想过你是否希望一个有若干性伴侣的情爱关系。如果你的家庭很不幸福，你也许下决心永远不结婚。如果你的父亲或母亲因为有婚外情，而损害或毁灭了他们的婚姻，你也许会暗暗发誓自己永远不做这种事。或者也许你会下意识地决定效仿他们。

或许你听过六十年代"爱情汤匙"[2] 摇滚乐队的一个流行歌曲，"很犹豫地最终决定捡起一个丢掉一个"。或许你读过罗伯特•黑廉的书《陌生人在陌生地》[3]，或是罗伯特•瑞莫的《哈拉德试验》

---

1 *A Women's Worth* by Marianne Williamson
2 Loving Spoonful
3 *Stranger in a Strange Land* by Robert Heilein

[4]，书中描述了爱上不止一个人的可能的幻想世界，或许你觉得这一想法对你有吸引力。但极大的可能是，你从来没意识到，你有可能从广泛的情爱方式中进行选择，因为你只知道一个合法的形式，即单偶制婚姻。对你来说只能是遵从或者放弃。

大多数的人从本性上来说都不是终生单偶的。从统计概率上看你可能也不是。但这并不是一定意味着多边恋是适合你的选择。做这种决定时需要考虑一系列复杂的相互作用因素，而且最终你会发现有太多的未知数，最好的办法是"跟着自己的快乐和感觉走"。尽管如此，你仍可以对多边恋是否适合你开始有所考量。喜欢多边恋爱情方式的人有某些性格特点，你可以问自己是否具有或者希望具有这些特点。现将其中的某些特点列举如下。

和人有亲近感　有的人有音乐特长，有的人是天生的运动员。如果你具有与人亲近的天赋，善于给予和接受关爱，颇具共情理解能力和同情心，乐于与一群人分享人生的喜怒哀乐，那么你则具有亲近人的天赋。如果没有这种天赋，可能和一个人建立亲密关系都要做出很大努力。但具有此天赋的人会发现自己很容易向很多人敞开胸怀，而没有副作用。这种天赋常常引导人们进入"帮助他人的专业"，如护士，心理咨询，教师，或社会工作者。这类人也会是好的管理人才和好的父母。

自我感觉好　愿意与别人分享自己的情人需要很高的自信心和安全感，相信与别人相比自己不会差。更重要的是一个基本的意识，即你的自我价值不取决于别人的看法和是否认同。这种素质，可以使人在进入多重关系的未知领域时，没有过分的恐惧心理，并将难题变为挑战。这样你就具备了必要的心理素质，即在选择了可能不被别人理解的爱情方式时，认可和接受自己。

善于同时做几件事　有些人没有干扰地集中精力做一件事时效果最好。有些人觉得很容易在几个过程中根据需要来回穿梭。这种人

---

4 *Harrad Experiment* by Robert Rimmer

常常比较喜欢广角范围的多样化的兴奋。如果你能同时应付几件事，几个项目和变换的需求，那么你也许也具有同时与几个人打交道而不失手掉球的能力。

喜欢强烈感 多个情侣意味着更多的活动，更多的交往，更多的能量，更多的兴趣，更多的变化，更多的义务，更多的协调，一切都更多！单偶情侣可能发现，在危机初起和迅速发展之间有相当长的平静，但当有更多的人卷入时，总是和某人有某事发生。好在较多的情侣也意味着，当其他情侣在一起时，你有自己的时间独处。但如果是你们都在一起，你会感到几个亲密无间的人在一起，本身即产生强烈的综合能量。如果你喜欢强烈，就感觉是天堂。如果你不喜欢这种强烈，你会希望还是单偶的好。

珍视多元化 每一个群组或家庭都需要接纳其成员之间的不同。如果你认为自己亲密圈中的人都和你完全一样才感到舒服，那么让更多的人进入圈中只会增加你的受挫感。选择情侣时需要注重有共同的基本价值观，但多边恋的乐趣之一是认可和珍视每个人的独特之处。

沟通的技巧 多情侣关系可能产生情感上的复杂化。你不需要完美，但是如果你缺乏对自身动态的把握和对群体行为的了解，你会很快感到迷惑。你在沟通，协商，相互支持，表明自己需要，和突破自己及他人的防范借口方面越有技巧，你的烦恼会越少。

灵活，自然，有创造性 在一对情侣之间，往往容易感觉情况是可以预见和控制的。但有孩子的人都知道，混乱是对多个相互交往的个体的更恰当的形容。成熟的成人应该比儿童更能规范自己，但是对有强烈控制欲的人来说，多边恋可能会是一种威胁。灵活性可以使一组成人在不同的情况下分享领导权，例如珍妮可以管财务，哈利管厨房，帕特管车。

对性爱持积极态度 你对多情侣有兴趣，可能是因为性欲强，或者你是双性恋，或者是想为你和情侣之间的性欲程度不合寻找出路。不论你的具体情况如何，显然包含了对性的考虑。除非你真的理解和接受自己及别人对性的要求，你不会在扩大了范围的性的环境中感到舒服。

向往保持独立　如果在属于某一个群体或情侣的同时，保持作为个体的自我对你来说十分重要，那你会感到需要一个情感关系契约，认可你在现有关系之外与其他人亲近的可能。这种吸引出现时怎样处理是另外的问题，基本的一点是你不必假装某种欲望不存在。

团队精神　独立性本身使得长期与他人合作较为困难，但是如果能与团队精神相结合，则有可能创造强有力的双赢机会。如果你愿意为整体的利益做出努力，而且你认为从长远看，这比仅专注于自己个人的目标对你来说好处更多，那么你可能是多边恋的合适人选。

致力于个性和精神成长　多边恋是挑战性很强的一种爱情方式，尤其是在初始阶段。同时与一个以上的情侣有亲密关系，自然会促进你的个性发展。这对你的影响可能是正面的也可能是负面的，看你的动机如何。如果你希望通过这些关系，使你对自己的行为障碍和压抑的情感有清醒的认识和了解，以便给以释放，并增强自己的亲近力和亲和度，那多边恋是再好不过的机会。没有任何事情比同时与几个人亲近可以更快地使你的"问题"表面化。如果你渴望有这样的机会在自己身上下功夫，那么多边恋可能适合于你。

艾滋病怎么办？

当今很多人对选择多边恋的生活方式有顾虑，是因为怕染上艾滋病或其他性病，如令人头疼的疱疹，是长期慢性的甚至有生命危险。近年来，政府机构和媒体倾向于对普通大众强调性病的危险到夸张的程度，以至使人下意识地将性与死等同。这种恐惧心理对你的身心健康造成的危害，可能大大超过负责任的非单偶制。

如果对性病的恐惧是你选择情爱方式的唯一因素，请考虑这一点：一个封闭的圈子，不论是两个，六个，或二十个人，健康可信的情侣可以使多边恋与单偶一样"安全"，甚至可能更安全。因为发誓是单偶的人更有可能撒谎掩盖有第三者，与公开的多边恋者相比，他们更不太可能与其他情侣开诚布公地谈论自己的性史。

任何数目的情侣都可以采取措施，形成安全性交圈或使用避孕套承诺圈，办法是首先检查是否没有可传染的疾病，然后达成协议不与圈外人进行"无防护性交"，而且不做高风险的事，如静脉注射毒品。每一个群体要有自己的定义，什么行为属于无保护性交。如果任何人有所失误，要马上向群体报告并进行检疫，直到恢复安全健康标准。

当然性能量的交流也可以采取不进入体内或没有体液的交换。这也是基于恐惧心理而实行单偶制的人可采用的较好的替代方法。

归根结底最重要的是，创造一个身心灵健康的整体，会比依赖于一个或几个人可能不执行的许诺给你更多真正的保护。在现今世界中，如果想让自己自由安全地去爱，你需要高效能的免疫系统，对性的积极态度，以及你自己对什么时候与什么人可以有性行为的判断能力。要有好的判断力，但不要让夸张了的恐惧阻止你去聆听和追随自己的心。

新模式还是老模式？

如前面第一章所述，也许你还需要弄清楚，你想要的是新的还是老的多边情感关系模式。一般来说，老的模式旨在得到最大限度的安全感，稳定性，可预测性和控制度。这些要求在单偶关系中都很难达到，所以如果你要选择的是老模式的非单偶制，就要有准备面对更多的挑战。

老的关系模式通常在某种特定情况下才行得通，即某一个人在多边关系中起主导作用，其他相关的人乐于照章办事。在老模式中，完全的诚实不是最重要的，彼此保护不面对令人不快的真相也许更重要。不断得到爱和认可也是有条件的，即首先你的情侣的需要要能得到满足。如果你喜欢稳定的架构和熟悉的形式，那么老式的多边情爱方式可能对你是好的选择。

新模式对乐于跨入未知世界的人更有吸引力，他们超越自我的欲望强于要"求稳"保险。在新型关系中，情侣们向往追求的理想境界，是无条件的爱和相互支持成长。选择新型关系，意味着放弃对"事情应该是怎样"的陈旧形式的依恋，而有准备让最适合你的形式产生于你最真实的自我。

遗憾的是这两种模式的相配互补度很小。不少人认为两种模式的某些因素都有吸引力，但选择是总体性的。多数人的经验证明，想要将两者混合的结果，会造成更多的相互指责、愤怒、混乱、疑惑，而不是更多的爱。

我个人倾向认为，建立在新模式原则上的多边恋关系的发展会顺利的多。实际上，许多多边恋探讨者过去的失败，都可追溯到是因为适用老模式的规则，而期待新模式的结果，或者是在维持老模式的同时加入新情侣。但不要以我的话为准，要问自己内心，哪种形式更适合你真实的感觉。

第四章 使多边恋得以成功的八个步骤

"如果像我所相信的那样，一个新的世界观正在形成，那么性的问题还没有被包括进这种远见。旧的理论已不能解释目前的性行为，而新的我们还没有完全理解。跑在历史的前面，我们发现自己处于一个全新的领地。"

——卓恩·星尔《爱的能量》[1]

多情侣关系自然比单情侣复杂和具挑战性。更困难的是，对多边恋感兴趣的人是在我们的文化规范之外操作，大胆进入未知的新领域，而且没有路线图！和所有先驱开拓者一样，克服前所未有的障碍和艰难困苦的结果，是增长了实力。现在地理上未被逾越的边界已屈指可数，但是探索人与人亲密关联的新方式的挑战，不亚于当年那些勇猛无畏的探险者，冒险航行到本以为是平面的地球边缘。

所幸的事，我们在个性和精神成长以及相互沟通方面有许多有益的工具，可用来为我们的目的服务。选择那些对你有吸引力的方式去实践，直到得心应手。应该了解，你所要选择走的路，会涉及以下八个基本方面。

---

1 *The Energies of Love* by June Singer

第一　了解自己

你所选择的情侣和情爱方式，是要能适合你自己的需要、欲望、个性和背景的独特组合。要做到这一点，你首先需要了解自己是什么样的人，以及自己想要的是什么。这看上去显而易见，实际上令人惊讶的相当多的人，会因为性的吸引或幼儿时期的家庭影响，盲目地投入情感关系。他们不知道，可以从一系列可能的情感关系选择中设计适合自己的爱情方式，其结果令人失望地连连出错，也就不足为奇。

首先要问自己，我最理想的爱情关系是什么样的？有些人对此问题的回答，是列出能使自己感到性兴奋的身体特征。如果你局限于这一方面，那么你可能对娱乐性的性伴侣交换比对多边恋更有兴趣。在能长久维持的情感关系中，情侣们需要对怎样交往和对基本的价值观和生活目标有共识。不是要具体到有多少男的或女的住在什么样的房子里，但是要考虑，你想要一个还是多于一个的主要情侣，你希望情爱关系是开放式的还是封闭式的。你的设想肯定会随着时间有所变化，但如果你和你的情侣们的选择，是建立在共同的价值和目标基础之上，那么日后则比较容易对形式加以调整。

你对有爱情关系的主要动机是什么？几乎所有的人都希望有伴侣和性的亲密。但个性和精神成长对你来说是否重要？你希望你的情侣和你有同样的成熟度，还是愿意有一种类似师生的关系？你是否想要孩子？你是否想与某人分享一种兴趣、生意或是特别爱好？具有共同人生使命的多情侣关系最具和谐的潜力，而这要求你知道自己的人生目的是什么。

你还有其他什么要求？对经济财务的安排有什么想法？有什么关于健康和营养方面的问题对你来说是重要的？你喜欢待在家里还是喜欢多出去走动？你喜欢住在城里，乡间，还是两者之间？你是否需要你的情侣分享你的精神或宗教信仰？文化、民族、或种族背景是否是考虑因素？

有的人被多边恋吸引，是因为有可能将看起来有冲突的选择结合起来。例如，一个扩大了的家庭可以有城里和乡间的住所。但是如果你对任何基本的条件有强烈的倾向，选择与你趣味相投的情侣则会避免很多矛盾。

选择个性特点互补的情侣，也会使关系比较稳固。在某些方面，个性相近较好，某些方面则反之。大多数情况下，最好的是具有从一端到另一端的灵活性。例如，老大或独生子一般爱支配别人。三个老大凑在一起，都想发号施令，就会发现他们陷于不断的权力之争。相反，三个比较顺从的老二在一起，又有可能会经常犹豫不决。在这方面，相反的结合比较好。支配和服从性的混合，可以给每个人机会尝试不同的风格，取长补短。

另一方面，内向的人会感觉与其他内向的人比较容易接近，外向的则恨不得与外星人交往。这两种极端可能相互有吸引力，但完全相反不一定是好的结合。尽管如此，在多情侣关系中，一个具有某些内向和某些外向特点的人，往往可以作为两种人之间的桥梁。

尽管你可以通过亲身尝试摸索对这些规律有所认识，但借助于现有的心理学知识要快得多和痛苦少得多。如果你不下功夫了解自己的性格特点，和任何你已形成的与人交往的不良方式，那你会发现和一个人保持关系都很困难。这种情况下有数个情侣参与时，很快会大滑坡地使关系破裂。

第二　治愈自己

即使没有其他具破坏性的慢性问题，多情侣的互动关系本身即有足够挑战性。任何成瘾的癖病，身体不健康或感情不成熟，都会给情爱关系增加负担，有时甚至是毁灭性的。

如果你吸毒或酗酒成性，你需要首先解决自己的瘾癖，才有可能和一个情侣充分交往，且不要说多个。其他形式的成瘾，如对工作、对情感闹剧、对饮食、性交、矛盾冲突控制欲过强等，都干扰一个人的情爱关系能力。首先要对自己诚实。你的问题，在一个有不健康的"相互依赖"的情侣关系中，也许有可能躲避隐藏，但在多个情侣中很难。如要尝试多边恋，首先要解决自己的不良倾向。

如果你的健康情况不好，要花时间搞清楚为什么和怎样改善。充分享受多边恋的生活方式，需要你全部的精神和耐力。有的人对多边恋感兴趣是因为身体有某种残障。乐于给予支持和帮助的情侣固然是无价之宝，但你必须首先做出努力，以自己的最佳健康状况投入。

疾病和瘾癖是亲密关系的两大主要障碍。第三类障碍较难准确定义，有时可以概括为不成熟。在单偶关系中，某一方或彼此否认或掩盖自己个性的某一方面尽管不容易但是还有可能。基于依赖和控制的不成文的契约关系，常常可以使不成熟的情侣们回避成长，和回避治愈阻碍其成长的幼年时代的创伤。其他情侣的加入会打翻这种脆弱的关系平衡。

如果情侣中的一方受过性伤害，情况更会如此。如果出于某种原因，如幼儿时期的性虐待，过去的负面经历，没有经验，对性缺乏了解，身体问题，或性压抑等，使你的性生活不如意，那么一个在性方面较为健全的情侣的加入，自然会使你感到受威胁。治愈自己的性创伤，会使你减少竞争感，因为你内心会感到更安全。

多情侣关系在无条件的爱的氛围中效果最佳，而无条件的爱需要一种整合感[2]和成熟度。如果你的主要考虑，是你的情侣如何能满足你的需要，那么你会发现很难做到你的爱不附带条件。如果你依赖你的情侣使你有幸福感，很有可能你会发现自己有占有欲。无条件的爱在两个人的关系中不难存在，当情爱关系发展到多于两个情侣时，这种爱便成为关系是否成功的关键。

如果能做到，培养自己对不确定因素的宽容度，调整控制自己的

---

[2] Wholeness

情绪和性能量，善待自己，知道自己的情绪感觉但不被其所驾驭，保持思维清晰，并了解自己，你就会自然体验到内在的完整协调。这种心态会引导你进入与人交往的深层亲密关系，使你有充分的准备与他人融合。

第三 以爱和自我接纳取代愧疚与羞辱感

你所要面对的最可怕的障碍之一，是你自己的愧疚和羞辱感。因为我们中绝大多数人从小受的教育就是，同时有一个以上的情人，甚至一个以上最好的朋友是不对的。我们一般会试图否认或避免承认，自己其实希望有数个情侣。在行使你对多边恋的选择权之前，你首先需要克服错误的自我形象，把自己看成是有罪的享乐主义者，或是畸形发展的青少年。

即使你不认为多边恋是有罪的，你也可能会担心别人不好的看法。这种疑虑也许是现实的，也许不是，取决于你在哪里生活，做什么工作，和在什么样的家庭中长大等等。有较高的自信心的人才能允许自己作出不一般的选择。

负疚感重的人的自然倾向是行踪诡秘，这样很难与未来的情侣作开诚布公的沟通。如果你对自己是多边恋感觉不好，则很难期望别人的认同，更不要说热情支持。事实也是如此，如果你对自己感觉不好，便更有可能招致大量证实你的想法的非议，说你是"脚踩两只船"的自私邪恶之人。

这也是为什么要做负责任的多边恋者的一个原因。如果你过去欺骗过你的情侣，说过谎，做过不诚实的事，要宽恕自己，重新开始，永远再不要给自己理由因对情侣不诚实而感到愧疚。健康的内疚感是给自己的一个信息，提醒自己，你在做的事对别人是有害的，或是无益的。如果你有所纠正，内疚感便会消失。神经质的负罪感，像是一个总在你背上爬来爬去的猴子，这种感觉常常产生于，其实你的所作所为不过是在肯定，你所做的事是你应有的权利。如果你注意自己的行为道德，并在意自己的行为结果，你就不会陷入将多边恋混同于不负责任。每个多边恋的参与者都应从中受益。

要学着宽恕自己，接纳自己，爱自己。这样你才能把这些祝福也带给你的情侣。对许多人来说，这意味着重新做自己的父母，或者是说哺育你内在的孩子。[3] 你也许会发现，这也是一个精神灵修的过程。在这方面，有大量的好书、录音带和讲座可以帮助你学会关爱自己。

第四　掌握交流沟通的技巧

一个令人很熟悉的孩子们做的游戏，是一个人悄悄对自己旁边的人说一句话，这个人再把话耳语传给另一个人，这样传一圈。结果往往是话传到另一头时已面目全非。如果你最亲密的情感关系中的交流像是这个游戏，就不那么好玩儿了。

当涉及两个以上的人时，一些事务性的细节及时间安排自然比较复杂。如果信息一开始给的就不清楚，肯定会有麻烦。信息需要传达到的人越多，造成混乱的可能性越大。感情色彩重的交流，被误传的可能性则更大。例如对性的问题，感情受伤害、气愤，甚至表扬赞赏等正面之词，都有可能被误解。

要创造积极的而非负面的和谐能量，需要确保所有交流沟通渠道的开放疏通，和传递的信息清楚。这首先要弄清楚自己想要说的是什么，不要含糊不清。自己要负责任有勇气把自己想说的说出来。如果有疑问对方是否听得准确，可以要求对方将其理解重复给你。如果还不清楚，可以再来一次，直到你认为你的意思被准确地理解了。

这种方法在探索新的自己不熟悉的感觉时，或提出某种不寻常的要求时尤其有效。如果你感觉被夹在两个情侣的矛盾之间，就需要

---

3 Inner child

三个人一起谈。要坚持所相关的人直接对话而不依赖于中间人传话。如果你们的关系中的确存在问题，一旦摆到桌面上来要好解决得多。

交流沟通还包括给你的情侣回应和反馈。比如，不能假设你的情侣知道你感觉被排斥在外或感到有压力。两个人有可能对彼此的感情状态非常熟悉敏感，因此感到可以依赖于"猜想假设"，而不再彼此说出自己的需要。这在两个人之间都是一种危险的做法，多于两人时则可能是灾难性的。千万不要冒这个风险！

清楚的表达和传递，仅仅是沟通交流技巧的一半，聆听同等重要。可以通过创造最佳聆听环境来提高聆听的效果，例如去掉干扰，拿出充分的时间，这使提及重要之点之前，彼此的注意力已集中在对方身上。要试着放下你自己的议程，或你想解决的问题，集中精力去听和感受你的情侣所要传达的信息。往往最需要被听到的不是语言词句，而更重要的是情感的口吻语调。如果你不肯定是否理解清楚了，要重复你所听到的信息，以便澄清。

如果这是三个或更多人之间的对话，也许其中的一个人可以做"翻译解释"，但一定要保证不曲解原意。还有一点重要的是不偏离主题，在激烈的小组对话中很容易离题。许多人的经验表明，效果最好的做法是让一个人先讲，听的人只作澄清性插问，直到这个人讲完，或这一主题的讨论结束。如果感觉到讲话的人还有话要说，可以让他（她）明确表达之后，再移到下一个人或下一个问题。

第五 开启自己的性爱能场

多边恋生活方式所涵盖的远不止于性，但性是强有力的因素，特别是由于多情侣的累积性效果。当主要的性活动是局限在两个人之间时尚且如此，在群体的性活动中，性的能动则更明显有力。

许多人对更高强度的性缺乏心理准备，因此在多于一个情侣时，会感到既兴奋又可怕。这种身体的兴奋状态，依人的心态不同可解释为令人愉快的，不知所措的，或令人焦虑的。性能量越强，你越会感觉到自己在失去控制。

此外，如果你的传统观念很强，认为只能与一个人有亲密的性关系，那么多情侣的观念可能会使你感到陌生或反感。有些人从内心接受了我们文化中对性的普遍负面态度，因而甚至与一个合法的情侣发生性关系，都需要克服心理障碍。还有些人的问题可能可归结到情感依赖，或对性伙伴的占有欲。有这种问题的人往往喜欢有几个情人，但都保持一定的距离。这样也许可以维持一时，但其代价是无法建立深沉投入的亲密关系，而且会给人造成多边恋不过是表面形式的印象。好在有很多办法，可以帮助我们在一个或数个情侣间惬意地保持平衡。

任何能增加你的生命力流动和开启能量中心（亦称沙科拉）[4]的方法，都有助于为多情侣做准备。对生命力有人称为气，有的称普拉纳[5]，或昆多利尼[6]。瑜伽、静修，某种形式的舞蹈，使人集中定神的练习，以及放松的训练，都是行之有效的方法。太极拳、气功、柔术等武术内功，能有助于提高对性伙伴的敏感度。这些能量运动，都能提高你的身心整体健康和使你感觉良好。所以最好是选择一种你喜欢的方式，使其成为你每天生活的一部分。

唐卓，[7] 道教，炼丹，以及美国土著传统都有教义，如何通过具体的性行为接近高能量和感知延伸的状态。为方便起见，以下的论述中我们统称其为唐卓。这些知识在数世纪中，用导师直接传给弟子的方法，和概略的密语文字得到严密保护。直到近年一般大众才有较多的机会接触到。现在已有很多关于唐卓修炼的书籍、影碟和讲座。如需要了解我举办的唐卓修炼讲习班，可按书后所附地址与我联系。

唐卓修炼为多边恋提供了重要的基础，因为它可以自己单独修

---

4 Chakras
5 Prana
6 Kundalini
7 Tantra

炼，也可以与异性或同性的情侣一起修炼，所以不论你的性取向或情感关系的取向如何，只要希望有高度性感经历的人都可以尝试。事实上，唐卓修炼在八十年代特别时兴正是因为，许多单偶夫妇急切地寻找能使其性生活有满足感的方法。唐卓修炼中关于性是一种神圣的行为的概念，使所有的人对性都可以有更宽容接纳的态度，而对多边恋的人来说则更有其特殊的益处。

其中之一是，唐卓修炼强调，性交是与你情侣内在的圣洁之神在做爱。这种专注力将我们提升出往往过于注重的自身自我，使我们更容易将自己和自己的情侣看成是宇宙中男性或女性的不同显现。在唐卓修炼中，每个情侣都体验到与宇宙天地万物的合一，和作为其结果的彼此的合一。这一变换了的角度，不仅加深了你与情侣之间的结合，而且减少了嫉妒感、依赖性和占有欲。唐卓文化中敬拜很多不同的神和女神，每个都有其独特的价值。没有必要抬高一个诋毁另一个，因为归根到底都是同一个整体。

唐卓修炼还十分强调性与心的结合。许多男性受益，是学着将性能量疏导到心的部位，使防卫性十足的心扉得以敞开。而女性受益，是学着用爱的能量唤醒自己封冻的性器官。这样，男女双方都可能摆脱单纯的性饥渴或无兴趣的性冷淡。这两种状态在群体接触情况下很容易产生，且不利于寻找情侣。

有效的唐卓修炼，可使男人让一个以上的女性得到满足。通过学会将性高潮与射精区分开，任何男人都有能力满足女性固有的多次连续性高潮的本能。唐卓修炼教给人的做爱方式，可使大多数女性感到比我们文化中一般形式的做爱要有乐趣得多。男女双方都可能发现，一旦其性能被充分唤醒，他们对性的欲望会比以前强很多。

唐卓修炼的另一个要点是，学习怎样疏导性能量的流动，使性能的交流不受思想的干扰。这些技巧对自娱和情侣性交都十分有益，对好的群体性经验更是不可或缺的。如果对性能量的流动缺乏有意识的控制，人们很容易滑入自己最熟悉的模式，即与另外一个人在交流。这在三人行中意味着有一个人被忽略；在四人行的情况下，意味着两对情侣而非真正的四人行。

在上述情况下即使每个人都满意，还是错过了在群体层次融合中，一种完全不同且非常强有力的感受。如果你的确将自己投入进群体性交的能量合成中，你会发现多个各体同时交流的综合能量，大大超越人有意识的思维能力。一旦你的思维开始干预，你会立刻从涌起的能量波浪巅峰上滑落，浪越大，滑落的越快越远。

对唐卓修炼的知识是你成功的关键。学会使自己的性能量完全开放，并对其有意识地疏导，在多情侣关系中至关重要，不论是否有群体性交。

第六　让嫉妒心做自己的良师

嫉妒可以将你引到最需要疗伤之处。它是你内心阴暗面的向导，领你走向最终的自我实现。如果你放手让嫉妒去行使其职能，它可以教会你怎样平和地对待自己和整个世界。

性嫉妒是尤其令人惧怕而又能强有力地激发人的一种难以控制的情感。很多人试图逃避面对这个内心魔鬼的必要，因而为自己建造了一夫一妻单偶制的城堡。但这是一种外部策略，其最佳效果不过是将老虎锁在了门外。嫉妒心所需要的，不是否认或扼杀，而是需要转变，升华。像对所有的恐惧感一样，最好的方法是面对面直视它。当然在跳进无底的深水之前要有所准备。怎样准备则部分取决于你目前嫉妒心的状况如何。

有的人被多边恋吸引，是因为他们相对来讲嫉妒心较少。他们常常能够意识到并面对潜在的某种情感，例如害怕失去情侣，竞争感，或是性的兴奋，这些情感在别人可能是混在一起的可怕的一团乱麻。但他们的自信心较强，或是属于一种不认同嫉妒的亚文化。他们可能是掌握了理智分析恐惧心理的技巧，也可能是来自提倡分享和不自私的文化背景。

也许有些人的心理防护强而有效，以至错误地认为自己没有嫉妒心。在我们这种将嫉妒心视为不可避免的文化中，完全摆脱嫉妒决非易事。如果你认为自己不存在嫉妒的问题，要特别注意观察自己是否在阻碍情感的反应，或试图对其进行解释，而不是跟踪剖析。你需要对有时感到嫉妒的那部分的你给以特别关注。还有一种可能，是你为了避免超出自己的承受范围，所以选择比你的嫉妒心更强的情侣，或者是你不完全在意的情侣。如果情况果真是如此，你冒的风险将会更大。

另一种可能，也许你的嫉妒心如此强烈，感到根本无法克制。结果你宁可有秘密的情人而不愿冒险与自己的情侣开诚布公，而你的情侣自然也会有其他的情人。如果你怀疑自己有能力克服嫉妒，而成功地实行多边恋，你等于是宣判自己永远处于基于谎言和欺骗的情感关系中。可悲的是，这种人无法逃脱嫉妒的煎熬，因为他们总是怀疑自己的情侣也正在或是想要欺骗他们。

如果你的嫉妒心很强，可以在进入有可能使自己感到嫉妒的情况之前，先在相关问题上下些功夫。上述的五个步骤可以作为一个好的起点。要特别注意幼年被抛弃或失去信任的经历。个性显然不可能一夜之间有所改变，但如果你肯投入时间和精力，嫉妒的情感是可以转变的。允许嫉妒的自我引导你走向内心而不迷失，会给你最阴暗的角落带来光亮。具体怎么做呢？下一章中将更详细地阐述嫉妒心的问题，并介绍若干方法使其成为你的良师。

第七　选择精神灵修之路

许多多边恋者认为，必须从根本上排斥自己成长中的整体伦理道德结构，才能摆脱和超越长期形成的对性的负面态度。如果单纯的反叛是你唯一的动机，你会发现多边恋太具挑战性。但是如果你能让反传统观念的情绪，成为你寻求精神灵修的激励，你会发现自己是站在一个坚实的基础上。

很少有人意识到，选择多边恋即意味着走上精神灵修之路[8]。强大的灵修聚焦是你成功的关键。灵修训练会帮助你在情感的风暴要将多边恋之船淹没时，保持内心平衡。当你有可能陷入外部的戏剧性冲突时，提醒你注重培养自己内在的和谐。它会帮助你在做出反应时以爱和理解代替愤怒和指责。最重要的，它会激励你把情感关系作为一种更清楚、更有意识地了解自己的途径。

可以尝试探讨一些对多重关系持积极态度的信仰，如前犹太基督主义[9]，女神崇拜[10]，部落文化[11]，新泛宗教派别[12]，统一神教[13]，神奇教程[14]，或非宗教的现代人文哲学等，都是可能的选择。不论你成长起来的宗教或精神灵修传统如何，你要挑选的灵修导师，应该是主张道德评判要视具体情况，和倡导更新陈旧的做法。

所有真正的灵修之路都会领你"找到归宿"，不过其强调的方面或途径有所不同，对宇宙法则的解释也可能有所不同。要学会识别某些宗教的政治性宣传，和真正的灵修传统之中活着的真理灵魂。相信自己的直觉和感知。要特别当心那些宣扬禁欲或单偶，却与其追随者有秘密性关系的宣教人。选择你的感官最容易接受的灵修方式。例如，如果你最信赖自己的感情，可选择基督教或苏菲主义[15]；如果你的思维更可靠，可考虑佛教禅宗、武术或唐卓；瑜伽则更适合于身体型的人。不论你选择哪种方式，都要忠实地修炼，让它引导你走上自己的精神之旅。

---

8 Spiritual path
9 Pre-Judeo-Christian
10 Goddess worship
11 Tribal culture
12 Neopagan religions
13 Unitarian
14 Course in Miracles
15 Sufism

第八　扩大视野

如果我们将从强制性的一夫一妻制和小家庭，向多边恋、集体家庭、或部落群体的转移放到更大的范围中，把它看作是向一种更协调平和，更可持续性的生活方式的转移，则会容易接受的多。

单偶制的婚姻，如我们今天所知，是建立在圣经时代男性对女性的拥有制模式之上。那时法律规定，有婚外情的女人要乱石砸死，而男人只要供得起，有多少妻妾都无可非议。有文字记载的历史大部分时间中，丈夫对妻子的绝对权力是天经地义的，对不顺从的妻子的暴力也被视为理所当然。

作家莱恩•伊索尔 [16] 把这种在法律上和社会上偏袒男性，贬低女性和孩子，靠恐惧心理和暴力强行实施其价值，掠夺地球资源，鼓励僵化的制度体系，谴责乐趣，美化战争，宣扬过度消费的文化，称之为支配者或统治者的文化。这些看起来互不关联的因素，其实是一种完整的生活方式的组成部分。

相应的，多边恋也是一种完整的生活方式的组成部分，伊索尔称为合作者文化。其特征是，赞美生命和乐趣，有生态意识，尊重人和所有生物的权利，尊重自己的身体，主张理解合作，和平解决冲突，分享资源，和注重社会的公平正义。

努力将你整个的生活，朝合作者文化的方向转移，会在不同层次上有助于你创建多边恋的情爱方式。从个人角度，它可将你带出没有前途的支配者的怪圈：无能为力的受害者，愤怒的控制者，牺牲自己的救援者。在社交意义上，它使你能接触到和你一样、对有创意的情感关系持赞赏态度的人。在文化层次上，它给你机会参与一个重要的全球性运动，即和那些致力于创造一个可持久的未来的人们携手共进。

---

16 Eisler, Riane. 1995. *Sacred Pleasure*. San Francisco: Harper Collins.

第五章　把嫉妒心当守门人

> "走出嫉妒心的唯一途径是直面感受它。我们也许必须与它共存，让它帮助我们去做重新调整基本价值观的功课。其中的痛苦部分是来自于，我们在摒弃昔日熟悉的所谓真理，在向未被探索的领域敞开胸怀，和在面对未知的可能时感到的不安和忧虑。"

—— 汤姆斯·摩尔 《灵魂的守护》[1]

非常有趣的是，为了控制嫉妒心，有些人的做法是交换誓言终生保持性忠诚，有些人则相反，在自己的羽翼下总要保持有另外的情人，以作为战胜嫉妒的后备保险。这两种做法都注定要失败，因为对嫉妒心归根结底只有一个真正的解决办法，就是提高自己的觉知。也正因为这一点，嫉妒是如此可贵的天赐之礼。只有当你的精神和情感处于隔绝和恐惧状态时，嫉妒心才会兴风作浪。

从古至今的灵修大师都赞同一点，即我们人生的主要目的是学着无条件地去爱。嫉妒可以是一个强有力的提示，一种宇宙的敲击，让我们知道自己在朝错误的方向走，因为嫉妒是爱的反方向。如果

---

1 英文为 *Care of the Soul* by Thomas Moore.

我们把多边恋作为自己心理和精神成长的道路，那么嫉妒心就是这条路上的守门神，为你把关，没有人可以不面对这一强烈的阻力而顺利过关。在这个旅程中嫉妒心会不断地沿途教育我们，让我们知道，每当它出现时，我们又有新的东西要学。

先天与后天

人们后天相信的理论，和人先天的本能反应相结合，结果使多数人都具有嫉妒的倾向。人们经常争论，人类的嫉妒心似乎不可避免，是生理遗传的结果，还是文化背景和个人经历所决定的。与很多情况一样，这个问题更趋于"两者兼而有之"的结论，而不是"非彼即此"。但人们仍想弄清，多大程度是先天，多大是后天。

也许更有意义的问题应该是：克服嫉妒心及其有害的后果是可能的吗？选择多边恋是否意味着，终生要受嫉妒情绪的煎熬和生活在情感冲突危机之中？或者可以问：嫉妒心对我影响如何，我能做什么？对有些人来说，问题的潜台词是，我需要为嫉妒的情绪感到羞耻吗，还是我可以接受其为自然正常的？

我个人的看法是，尽管和其他动物一样，人类有与生俱来的领域本能意识，但是把情人看成是可以拥有的和有权控制的领地和财产，则是人们从生活中学来的。有的人甚至学会把嫉妒心看成是爱的表示，没有时反倒感到感情上不安全或是认为不被爱。换言之，嫉妒和其他情感一样，有其特定的生理根源，但是触发嫉妒的外界刺激却几乎完全是文化决定的。值得注意的有趣之处是，引发嫉妒心的外界刺激，与我们以男性为主的文化结构密切相关。如果我们对触发嫉妒的种种按钮有所意识，就可以学着穿越这些危险水域而不搁浅。但没有人比汤姆斯●摩尔说得更好，让嫉妒来做"重新调整基本价值观的工作"。

在我们单偶制的社会中，几乎每个人从小就学会知道，情人有排他的专有特权。环境条件的制约使我们以为，如果自己的所爱对别人有兴趣，自己则可能被取代。对男人和女人来说，这种一定要有所失的预想，是后天形成的而不是大脑中固有的。设想一种文化，如果你的情侣对别人的兴趣，意味着有机会享受更多的乐趣和亲密感，在这种情况下会有嫉妒心产生吗？

如果研究一下与我们关系最近的类人猿伯努波猿[2]（或称倭黑猩），我们会看到，雌性和雄性都有若干交偶，但这似乎并不造成族内的冲突。事实上，观察者注意到，伯努波猿用性行为促进族内的团结和化解潜在的冲突。例如在分食物之前先有性的分享。

然而，人类将性嫉妒视为不可避免已历史久远，很难说服自己不这样去想。一种行为是后天学来的，并不意味着它容易改变，或者说我们只能有这种选择，或是我们应为此感到羞辱。但是，如果我们情愿选择嫉妒是我们本性中不可分割的一部分，并以此作为自己的信仰理念，就等于是放弃自我，顺从地让嫉妒心来主宰控制我们。如果相反，我们的选择是认为嫉妒心是后天学来的，那么当然就可以改变。这样便打开了从它的统治下解放自己的大门。

什么是嫉妒

嫉妒是所有人的情感中被研究最少的。在丹尼尔·格尔门在开创性的著作《情感智商》一书[3]的索引中，嫉妒一词居然未被列入。有关嫉妒心的科学研究数据几乎不存在，仅有的也只是对与嫉妒相关联的态度和想法，而非对这种情感本身的研究。人们似乎一致认为，从认知行为学来看，嫉妒是对其情侣真实的或想象的与第三者关系的一种情感反应，而且，嫉妒心较易发生在依赖性较强，安全感较差

2　英文为 Bonobo.

3　英文为 *Emotional Intelligence* by Daniel Goleman.

的人身上[4]（见本章注3）。我自己的观察是，当一个人想要控制的欲望受到威胁时，嫉妒心最容易发生。

嫉妒还有其精神灵修的层面。从本质上来讲，嫉妒意味着信念的危机。这是有条件的爱的一种表现。如果你只有在确信自己的爱可以得到回报时才肯去爱，你则比较容易受嫉妒心的伤害。更简单现实地说，嫉妒是一个信息，使你意识到你的情感关系需要打理。它肯定可以有效地引起你的注意。

使我真正感兴趣的是嫉妒发生时身体上的感受，以及造成这种感受的内在能量的变化。人们一般形容嫉妒的感受是：心里翻江倒海，躁动不安，难以抑制的不快。人们感到嫉妒的原因会有所不同，但实际的感受却惊人地相似，只是程度有所不同。鉴于这方面的研究数据的缺乏，我不得不从审视自己内心的过程，来对我们称之为嫉妒的内在的感知加深理解。我鼓励你也这样做。我自己的发现是这样：

我一般不感到嫉妒，除非我已经既有爱又有性兴奋。爱会开启心扉，使人产生与他人相连的一体感。性的开启会释放高度的能量贯穿全身，增强我与大地的连带感。爱和性都是极大的乐趣，几乎到令人上瘾的程度。这两者增强了我对所有刺激的敏感度，同时也强化了我对痛苦的感受。

如果这时有什么事情发生，我以为会把我和我的所爱分离，恐惧和愤怒会从我心中油然而生。恐惧会指令我的身体关闭气的自由流通，节制性能量。愤怒会使我关闭心屏。但与此同时，我的身体仍然在对我爱的人所激起的爱和性做出反应，急于放开。这些矛盾的冲动使理性的头脑感到困惑，无法平和地容纳这两元冲突。于是头脑将这剧烈搅动，同时又开又闭的感觉贴上了"嫉妒"的标签，并且要不惜代价尽全力躲避它。

4　参见 Clanton, Gordon and Smith, Lynn (eds). 1977. *Jealousy.* Englewood Cliffs, NJ: Prentice-Hall.

嫉妒不是背叛

许多人将嫉妒与背叛混淆。嫉妒心主要是害怕失去自己的所爱，仅此而已，无须加之谎言、隐瞒、或半真半假的事实，那会使多数人感到更可怕。当人感到受欺骗，或信念被破坏时会有被背叛的感觉。因为太多的人在被他人吸引时采取不诚实的态度，或单方面破坏单偶协议而有秘密的恋情，所以嫉妒和背叛常常被联系在一起。

尽管我和我的情侣们曾有十分清楚的协议，每个人都可以自由地多边恋，但当我对另一个男人有兴趣时，我的情侣之一曾感到嫉妒和被背叛。这是因为在情感层次，他下意识地认为多向爱是不忠诚的表现。如果我真的爱他，为什么还会对别人是开放的？结果是，他受背叛的感觉比嫉妒心更难应对，当他清楚我不会因为另一个人而离开他时，嫉妒心就自然减退。

另一个相反的例子，卓什背着其情侣阿米利亚与凯瑟琳有秘密交往，并说谎欺骗阿米利亚。阿米利亚不高兴时，卓什指责是她嫉妒而不提自己的背叛。他催促阿米利亚克服嫉妒心，以便他们可以有一个开放的情感关系。他的这种做法对愈合创伤和向多边恋过渡都是极大的障碍。在这种情况下，他必须首先承认自己的背叛行为并得到宽恕，才有条件去考虑解决相互同意的开放关系中可能出现的嫉妒心问题。

嫉妒心的类别

有关嫉妒的一个最令人迷惑之点是，每个人的嫉妒都有所不同。不同的情况会引发不同人的嫉妒心，反应也不同。某些人的反应比其他人强烈的多。因此有些人认为，把不同的感受用一个名词统而论之效果不好。

我的看法是，尽管有不同的表现形式，把嫉妒心归结为一类情感，可以更有效地应对它。但同时更重要的是要弄清楚，哪一类的嫉妒对你和你的情侣影响最大，以便做出适当的反应。以下分类是基于让·玛祖对嫉妒心的类别形容[5]。

占有型嫉妒　这在单偶情侣中比在有意识的多边恋中普遍的多。原因很简单，它是被独占的所爱受到威胁的可能而触发的。有独占欲望的人很少会对多边恋感兴趣。在这类相当原始的嫉妒心中，一个人的情侣是被看作一种私有财产。占有型的嫉妒往往产生在有承诺而缺乏信任的情感关系中。它所传达的信息是："你是属于我的，如果我得不到你，别人也别想得到。"这种嫉妒心最容易导致暴力行为，其极端为一个嫉妒的丈夫杀死其忠诚的妻子，因为他怀疑她有另外的情人。直到不久前，我们的社会仍对占有型的嫉妒给以含蓄的认可。法律规定，如果一个男人发现他的妻子或情人与另一个人在床上而杀死她，不算谋杀。

被排斥型嫉妒　这在多边恋中常有发生。这里的问题不是拒绝分享情侣，而是怕别人不与你分享。典型的表现，是希望自己在所有的情况下都被包括在内的强烈欲望。这种嫉妒在你觉得被排斥在外，或被剥夺了同等的时间或注意力时容易被触发。其信息是："怎么你们玩儿得这么高兴？"如果是由于刚刚进来了一个令人兴奋的新情侣，感到嫉妒的人真的是被忽略了，这种被排斥型嫉妒心会相当强烈。这种类型的嫉妒常常可以用"约会日"的做法处理，即某一天同一个时间所有的情侣都出去约会别的情人。

竞争型嫉妒　在多边恋中也很常见。主要问题是，感到嫉妒的人把自己与其他情侣比较，并且确信自己在某些方面不如别人。这其中的信息是："你认为我不够好。"竞争型嫉妒心的触发，是由于害怕情感关系中的独特之处被别人分享或超越。有竞争型嫉妒心的人

---

5 参见 Masur, Ron. 1973. *The New Intimacy: Open Marriage and Alternative Lifestyles.* Boston: Beacon Press.

需要不断的安慰和保证[6]来消除顾虑，但效果一般是短暂的。有时候，让有竞争型嫉妒心的人列出其情侣可以选择的，不使其感到有威胁的人的"许可名单"，可使这种嫉妒心得到缓解。

自尊型嫉妒　其潜在顾虑是别人会怎样看我。如果没有人知道，这种人也许不会在意分享情侣。但是如果有人知道自己的情侣还对其他人感兴趣，怕别人认为是自己不能令人完全满意。有时自尊型嫉妒产生于怕别人把自己看成是被戴"绿帽子"的人。其信息是"你使我受到羞辱。"自尊型嫉妒的程度会因时间，情绪或者你对自己情侣的情人的感觉而有所变化。与竞争型嫉妒不同的是，另一个情人越被视为有吸引力，竞争型嫉妒心会越强；但如果另一个情人越被视为不怎么样或不让人喜欢，则会刺激自尊型嫉妒的强化。

害怕型嫉妒　这也许是嫉妒中最基本的形式，而且是一般人想到多边恋时顾虑最大的，即担心你的情人会因别人弃你而去。伴随这种损失的主要恐惧，往往是被排斥和孤独的感觉，以及认为人之间的爱是有限的。这种嫉妒背后的声音是："如果我的情人觉得别人更好怎么办？"对一个理智的头脑来说，显而易见的是，即使有保持单偶的协议，你或你的情侣也很有可能爱上别人。但嫉妒很少是理智的。再有，单偶制的思维逻辑决定了，如果有更好的第三者，一方最好离去。

这里未言明的假设是，有性的关系更容易坠入爱河，而且爱上一个新的人即意味着不再爱现有的情人。事实上，有些人的行为是这样，有些则不是，不论其自称是多边恋或单偶。害怕型嫉妒是一个有效的信号，提醒我们已经把爱情关系当成了安全感、可预见性、和自我价值的依赖。最好的解决办法是，花时间静下来感觉心中的自我。试着感受此时此刻，而不是忧虑过去或将来。

---

6 英文为 Reassurance.

自己有嫉妒心时怎么办

当嫉妒心来拍你的肩膀时，你的第一反应必须永远首先是承认它，并感激它给你成长的机会。要记住，嫉妒会照亮你心中的阴影，将心里的阴暗面摆到你的面前，使你认识自己个性中未被接受和没有得到爱的部分，只有将这部分感受带入自己的觉知，它才能在完整的个性中找到其应有的位置。不要浪费宝贵的精力试图说服自己没有什么事；相反的，要尊重地去听自己感到嫉妒的那部分，既不把它当成是自己的全部，也不让它指使自己的行为。这个过程有时被称为"分离认定，不同声音的对话，或应对次性格[7]"。这时你的目标仅仅是倾听自己的感觉，找到自己不高兴的原因。要提醒自己，过早地采取行动也许只能使事情更糟。通过单纯观察自己的感觉和想法首先弄清楚，你的嫉妒心在有关你自己以及与他人的关系方面，向你揭示了什么。

然后，试图从你的情侣(们)、朋友、或有经验的心理咨询者处得到帮助。要尽你所能明确地表达你的感受，而且在不指责或不强求的情况下说明你希望的是什么。如果你在如何学会关注自己的感觉而不被其所吞没方面需要帮助，这时不应该用友善的忠告代替专业咨询，但是情侣或朋友可以帮助你用"呼吸法"度过嫉妒的危机。

当我们发现了呼吸法对超脱嫉妒心是非常有效的工具时，就开始在多边恋讲习班中采用循环呼吸法[8]，来加强情侣间的亲密感和群体意识。唯一的困难是，很多人对用呼吸法克服嫉妒有抵触，因为他们不愿意放弃嫉妒心，或放弃自己扮演的受害者的角色。如果你真的想有好的结果，请试一下呼吸法（如果有慢性疾病，最近做过手术，有心脏病，癫痫，或有身孕，需要向你的医生咨询）。

---

7 英文 disidentification, or voice dialogue, or working with sub personalities.
8 英文为 circular breathing。参见 Sky, Michael. 1990. *Breathing, Expanding Your Power and Energy*. Santa Fe, NM: Bear & Company.

可能需要有人坐在你的身边，提醒你注意呼吸。而且有别人的理解总是感觉好些。任何没有偏见的朋友或情人都可以做，你也可以找在呼吸法或对其他疗愈方法有经验的人。找一个安静的地方，你可以出大声，但不会有人打扰你，至少一个小时，两个小时更好。预备几条暖和的毯子，因为身体可能会感到冷。去掉腰带、首饰或紧身的衣服，仰面躺下，用嘴一吸一呼，中间没有间隔。找到一个比你平常呼吸深一些快一些，但仍感到舒服的节奏。用这种方式呼吸至少一个小时。如果你稍微有些头晕或感到手脚有点麻，不要担心。一个小时开始时显得很长，但十分钟以后时间就过得很快了。

许多人会走神而忘记做持续性循环呼吸。告诉陪你的人提醒你保持快速深呼吸，或者当你的呼吸恢复正常速度时，让他/她在你耳边大声呼吸提醒你。你也可以试验，让陪你的人把手放在你的胸部、腹部感隐私部。要允许你自己哭，出怪声或挪动身体，但要尽可能快地回到你的呼吸。

每次呼吸练习都会有所不同，要有精神准备各种感觉都有可能发生。呼吸后你很可能会对自己所处的情况有新的认识。当你恢复正常状态时，嫉妒的感觉至少暂时会有缓解。利用这个机会与你的情侣分享你的感受，看是否有什么你一直藏在心里，或没有意识到有什么想法或感觉需要表达。

随嫉妒心而来的一个永远的信息是不要忘记爱你自己！不仅仅是喜欢或欣赏，而是要钟爱，在自己身上倾注多多的关爱。花时间滋养自己，让自己去享受按摩，给自己买礼物，或去一个自己喜欢的地方玩儿。给自己一点时间去做任何可以使你高兴的事。

情侣有嫉妒心时怎么办

情侣感到嫉妒时，你必须做的第一件事是估计暴力行为的可能。如果你的情侣有暴力行为的历史，或威胁过要伤害你，你必须保护自己。妒火可致命。所以如果你担心自己的安全，要设法不将自己置于不安全的场合和地方。希望不需要采取极端的措施，但是如果你不能信赖你的情侣有控制自己的能力，那么引起嫉妒以从中学习，是在冒太大的风险。

第二，要让你的情侣知道你是和他/她在一起的。花时间去倾听他们表达自己受伤害的感觉，认可他们的感受。即使不完全同意他们所说的，但可以说你理解他们的感觉。要慷慨地给予拥抱、鼓励和温情。如果你的情侣是真诚地想从嫉妒中学习成长，应对他们的勇气表示敬佩。

同时要让你的情侣明白，你不会被他们的嫉妒所左右。如果他们指责你或骂人的话，试着不以牙还牙。而是明确地告诉他们，他们的做法不受欢迎，且只能使你们之间的距离更大。如果你感到难以用充满爱的方式来表达自己，可以建议找一个中立的朋友或心理咨询者。

再有，注意审视一下自己。你的情侣是否在表达你自己被压抑的嫉妒？你是否不经心地触动了你情侣的嫉妒按钮？你是否忽略了让你的情侣知道你是真的爱他/她的？你是否把你的情侣当成理所当然？如果你连续性地吸引嫉妒心强的情侣，要问自己为什么。你从有嫉妒心的情侣身上能得到什么好处？你情侣的嫉妒心是否使你感到自己有威力，有魅力，和安全感？你是不是喜欢占上风？利用这个机会，让你情侣的嫉妒心给你也上一课。如果你发现，在造成嫉妒心危机中，也有你的一份责任，要勇于承担。

管控嫉妒心

到目前为止，我们所讨论的是怎样把嫉妒变成一个好老师而克制它。有些时候更好的办法是暂时退一步，避免它带来的风暴。这也许是必要的降温，以便处理得更有成效，或者你可以选择等待一个更适当的时机来面对嫉妒的挑战。这里潜在的危险是，如果你对嫉妒心总是压制而不抓住机会面对，你的成长会受到限制，而且你会发现你对削弱自己能力的情况在逐渐适应。以下是如何有判断力地对待嫉妒的一些可供参考的做法。

探讨协商怎样可以有效地防止嫉妒打乱你们的生活。如果你和你的情侣能够识别自己嫉妒心的触发点，就可以想办法避免。如果你已经花时间观察自己，而且已经知道什么人或场合会触动你的嫉妒按钮，你可以要求你的情侣试着采用别的更好的做法。

艾维丽和丹尼尔第一次约会时即讨论了多边恋的问题，而且高兴地发现他们两人都对单偶制不感兴趣。但在结婚一年以后，艾维丽发现了自己的占有心理。当朱丽亚表现出对丹尼尔有兴趣时，艾维丽很快意识到了自己感到嫉妒。但是当朱丽亚请艾维丽和她一起吃午饭，征求艾维丽的允许与丹尼尔约会时，艾维丽发现自己的嫉妒心几乎没有了，乐意地给予了同意。艾维丽了解了，自己需要别人来问自己得到许可，心里会感到平衡。于是她让丹尼尔告诉所有他想约会的女友，先来征求艾维丽的意见。丹尼尔非常高兴地知道，这样一个简单的做法即可以安抚艾维丽的嫉妒心，他十分乐意地照她的要求去做了。

帕瑞克的嫉妒心没有这样好对付。他和凯瑞决定进入开放型的关系后，发现自己非常喜欢和别的女性交往的自由，但是不能容忍想象凯瑞和别的男人做爱而可能把她夺走。于是帕瑞克要求凯瑞同意，他们都只和已婚的人约会，因为他觉得已对另一个女人有承诺的男人安全系数较大。凯瑞同意这样试一年，条件是在这期间内帕瑞克要在克服自己的嫉妒心上下功夫。

帕瑞克用来减轻自己情感反应的方法称为有步骤的敏感弱化[9]。首先，他列了一个详细清单，什么情况下会使他感到嫉妒，从最轻到最重。在凯瑞的支持下，他选择了一个两个人都感到放松和有信心的

---

9 英文为 Systematic desensitization.

时间，试着想象威胁性最小的情景。这对帕瑞克来说是和另一对情侣的双约会。帕瑞克能够保持放松和没有嫉妒，直到他开始想象吃饭和跳舞后，两对情侣一起回家，凯瑞和另一个男人进了他们的卧房，留下他和另一个女人在客厅。他感到已走得太快太远，需要放慢步子。

下一次，他改变了一下情景，两对情侣一同进入卧房，并排和自己的情侣做爱，然后四人相互偎依在一起。这样帕瑞克仅感到一点点嫉妒的刺痛。经过几次这样渐进的弱化，帕瑞克调整自己的想象，逐渐增加凯瑞与另一男人接触的程度。然后他想象凯瑞和另一个男人起来到客厅去，留下他和另一个女人在房间里。这种情景使帕瑞克感到很舒适，使他有足够的信心回到最初的想象，即在双约会后，凯瑞与另一个男人进到他和凯瑞的睡房。这时他的妒火又燃烧起来。

我建议帕瑞克试选另外的地方，例如一个旅馆的客房，这对他来说会好得多。实际上，帕瑞克可以想象凯瑞和另一个男人在旅馆套房里过夜而不感到太多的嫉妒。其实是帕瑞克无意中触动了自己的一个嫉妒按钮，既想象凯瑞和另一个男人在他们"特别"的床上。

几个月后，帕瑞克和凯瑞遇到两人都喜欢的一对情侣，而且能够从温暖的友情渐渐发展到性关系。帕瑞克可以保持没有嫉妒，直到凯瑞告诉他，她想和这其中的男友出去过一个周末。他继续用有步骤的敏感弱化法，几个星期后他感到没有凯瑞，也可以过一个好的周末。

嫉妒一直伴随着帕瑞克，但现在他可以让嫉妒成为他的良师而不恐慌。因为他和另一对情侣建立了信任的关系，所以他能够与这对情侣和凯瑞分享自己的惧怕心理，并接受他们的帮助。

无嫉妒的同喜

无嫉妒的喜悦，或同喜心 [10] 一词，是由现已不存在了的克里斯塔

---

10 Compersion。译者注：也许和多边恋一词一样，本译者是第一个将这个词汇译为同喜心的。

社团所创，[11] 用以形容与嫉妒心相反的感情。当为自己的所爱对另一人的爱而感到由衷的高兴时，我们可以说是感受到了无嫉妒的同喜。当我们发现自己所爱的两个人彼此亲近时，这种喜悦尤为强烈。

如果你有过这种感受，我相信你会清楚地知道我说的是什么，尽管你可能还没有词汇形容这种感觉。如果你暂时无法想象用喜悦代替嫉妒，你可以通过以下方法逐渐向这个方向移动，即将你的注意力集中在你的所爱又有一种爱情关系时感到的快乐，而不是你有可能失去自己宝贵的所爱时感到的不安。承认人有可能在自己的所爱与别人分享爱时，不是惧怕和收缩，反而会感到喜悦和扩展，哪怕只是作为一种理念，也会在转变和超越嫉妒心的过程中起到重要作用。

---

11 Kerista Community，六十年代在旧金山的一个自由爱情团体。

第六章

向多边恋的过渡

"爱在你的心中。它由你来滋育享受，并用你选择的任何方式给予他人。爱必须是没有条件和要求的。你必须学会从别人的幸福中得到快乐。一旦感到了对自己的爱，给予别人便会变得非常自然。"

—— 温·代尔《伊克斯的礼物》[1]

有些人压抑自己的多边恋欲望，因为害怕如果讲实话没有人会愿意和他/她结婚。更多的人是在做了单偶的承诺之后才发现自己有多边恋的愿望。他们常常是没有想清楚自己的选择以及相应的结果，就采取行动。这正像我们所处的文化的氛围，趋向暂时的解决而非长久效果。

还有的人保持单身，小心地避免任何长久的承诺，这是因为他们有意识地或下意识地不愿冒险将自己陷于单偶关系的制约。还有的人已经过单偶婚姻，知道不适合自己。这种人常常告诉自己或情人他们在找伴儿，但他们似乎总无法找到合适的人。一旦关系开始感觉好他们就要中断，又找一个新的情人。

---

1 Dyer, Wayne. 2002. *Gifts from Eykis: A Story of Self-Discovery.* New York: William Morrow and Company.

这两种人也许会发现，多边恋可以使他们建立稳固的关系而不失去太多的自由。不论你是属于上面的哪一类，都必需要愿意做一些重要改变。

如果你是单身

从单身向多边恋过渡相对比较简单，这种过渡不需要破坏什么承诺或伤别人的心。

让任何现在的情人知道你不是单偶，而且不准备做单偶的承诺，同时清楚地说明你对目前关系的意图，你是将此人看成可能的伴侣，性朋友，还是暂时的情人？你是否爱他/她？你对进一步亲近是否有任何保留？你是否准备接受两人之间关系的任何发展？要有准备解释多边恋的人怎样相处，新型关系模式，以及充分透露个人的性史。如果你已知道自己最终想要的是什么样的爱情方式，也一定要说明。

但你不需要把自己的立场限于绝对的单一选择。谁也不确切知道将来会是怎么样。只需要表明，你不希望符合别人或社会对单偶的自然而然的假设和期待。比如一个有意识选择多边恋的男性，可以对他的新情侣直白地说："阳具是我的，由我来决定怎样使用它。"

有些情侣会欣赏你明晰的表达，有些则会很快结束你们的关系。但是不要怕。如果你和一门心思只承认单偶制的人保持关系，你永远不会找到你所需要的。

和每一个新的人约会时一定要重复这个过程。不是说一见面头五分钟就要说："哎，我叫达娜，我喜欢多边恋，你知道多边恋是什么吗？"但是如果你们彼此有兴趣，已约会了几次，就一定要在有性关系之前，说明你多边恋的倾向。

这样表露可能会减少你有性活动的机会，但如果你想要找的是能与你分享多边恋乐趣的人，从长远来讲这对你有好处。

如果你已经破坏了单偶的承诺

如果你已经违反了单偶制的协议，而且不能诚实地说永远不会再发生，那么开始负起责任还为时不晚。也许你的伴侣会选择结束你们的关系，而不是向多边恋过渡，但这是你必须承担的风险。当然这是假设你的选择是保持和你情侣的关系。

如果你是在用与第三者的关系试图告诉你的情侣你想分手，那么鼓起勇气直截了当地说，会使双方都少受折磨。如果你是在与现在的情侣分手之前，就去寻找将来可能的新伙伴，那你应该去做心理咨询，帮助你克服害怕孤单的心态，不要把你的情侣当作安全的护身符。如果你在试探你可以有多少第三者而不被发现，而且这使你感到兴奋，你应该考虑加入性成瘾的治疗小组。但是如果你想和现在的情侣在相互同意的、某种多边恋的形式下保持关系，你可以起步于让他/她在了解真情的情况下行使选择的权利。

希望你们的决定能最终反映你们彼此相爱之深，以及你们情感关系的高素质。但的确有一些人没有足够的自我价值或开放的意识，使他们可以想象非传统爱情关系的可能性。还有的人对多边恋的偏见如此强烈，使他们无法对这个问题采取客观的态度，特别是如果他们曾被欺骗过。不要低估你的情侣，但是如果你确信你的情侣会反对多边恋，你最好还是及早承认你们不合适，而且准备被排斥。不论怎样，你的单偶关系迟早会"死亡"，新的关系会以新的形式再生。就像所有的悲伤过程，你要准备面对强烈的感觉。

当你告诉你的情侣你曾经不忠，你的情侣很可能会大声哭闹，激烈地表达其愤怒和受到的伤害。事实上，如果你得到的反应不强烈你倒是应该担心，因为这很可能预示，你的情侣难以达到原谅你的地步。如果你担心，你们俩人之一或双方都有暴力倾向，最好选择在外面有可控的时间和地点，如餐馆，好朋友的家，离警察局近的公园，都有利于双方约束自己的行为。

在讨论下一步怎么办之前，应该给你情侣足够的时间消化其所得到的信息。一定要让她/他知道你是爱她/他的，而且你希望保持你们的关系。可以邀请你的情侣参加一个多边恋讲习班，以便了解多边情爱方式和做了这种选择的人们。很多人的愤怒可能要持续几天，几个星期，甚至几个月。还有的人会找一个情人来"报复"你。如果你同意在这期间保持绝对单偶，直到你们决定了以后怎么办，你也许可能会更快地度过这阶段。

如果你的情侣在几个月之后还很生气，不能亲密地开诚布公地谈问题，或者你们其中一人还没有培养起这种能力，你们则需要专业的帮助，找一个对辅导多边恋的情侣有经验的心理咨询师。任何思想开放的、有技巧的心理咨询师都可以。但要注意的是，社会文化的影响力很强，心理咨询师本身的偏见也会起不好的作用。

转折点

有些情侣比较幸运，他们可以前进一步，在努力创造一种新型关系时，做到彼此之间毫无防范地开诚布公。这种关系是建立在讲真话，信任和尊重，以及因此而加深了的亲密感。但不要急于求成。最好是你们俩人或其中的一人，到这时已经能够抛弃不惜一切代价紧紧抓住两人关系的陋习。当你达到了被真实所引导而不是害怕被排斥时，你就会知道你是在朝正确的方向走。如果你需要帮助，就去找。有很多很好的关于情爱关系的讲座和研习班。参加多边恋周末讲习班，可以使你有机会结识其他多多少少正在面对同样问题的人。在情爱关系形式转化时，需要给自己勇气。

当你们开始更多更真实地表达自己时，任何情况都可能发生。你们甚至可能感到，现有的关系已变得更令人兴奋，多加情侣已不再那么有吸引力。但是如果你不是情愿再回到承诺一生的单偶制，在你重新谈判你的婚姻条件时则不应忽略这一点。

重新谈判

在你走到可以重新谈判时，有一件事要做的，就是要求你的情侣试图理解，为什么多边恋对你有吸引力。这不同于要求你的情侣同意参与，而是请求给以理解。类似本书这样的论述，以及某些科学幻想著作，如罗伯特·瑞莫[2]关于多情侣关系的小说，也许会有助于使他/她对这个问题有新的看法。

你的情侣如果能够了解，想要更多的情侣是为了满足哪些你的具体需要和欲望，可能会使他/她的焦虑有所减轻。如果是为了有更多的或不同的性交，这可能是最好的时机增进你们之间的性关系。在扩展你的关系网之前，把这一点说清楚是非常重要的。假使你的需要是你的情侣一个人无法满足的，如你是双性恋者，或你喜欢群体性交，或你比你的情侣想要的性生活更频繁，这对他/她会是一种解脱，因为知道不是他/她的失败。这样在你下一步实际探索时，他/她也许会愿意在想象的层面上试着宽容你的需要。

另一个需要考虑的重要之点，是了解你的情侣对多边恋的具体的恐惧和排斥是什么。人们时常害怕他们的情侣会因为找到更喜欢的人而离去。应该指出的是，这其实是在单偶制的关系中更常见的情况，因为恰恰在多边恋中你可以找到喜欢的人而不离开。这需要在想法和感觉上有一个重要转变，即意识到"喜新厌旧"是和多边恋非常不相容的概念。多边恋是要增加情侣，不是减少。强调多边恋是极具包容性的形式，也许有助于理解这一点。例如在多边恋中，单独约会的情况很少。你可以同意，在你的情侣对有多情侣感到较可接受之前，你们俩人共同参与所有与其他情侣的电话、吃饭和性游戏等活动。如果你向你的情侣建议这样的暂时措施，是为了使他/她有可控感，一定要将时间范围和其它具体限制条件事先讲清楚。

对另一个可能的情侣逐渐有所了解和信任，往往会消除其会偷

---

2 Robert Rimmer

走你的伙伴的恐惧。也可能在了解过程中发现，新的人不尊重你们已有的承诺，因此不适合作包容性关系中的伙伴。但是逻辑不能取代早年的创伤。如果你们两人中的任何一人有幼年被抛弃的经历，则需要在这方面进行愈疗。要让你的情侣知道，你全力支持他/她克服精神创伤的任何努力。

一般来说，一个牢固的情感关系会因新的探索而变得更强。如果现有的关系不稳固，多边恋会很快将其弱点暴露于表面。这看起来像是多边恋的过错，也会成为不情愿接受多边恋而主张单偶制一方的口实。但真相是，如果你的主要情感关系脆弱，你根本不具备实行多边恋的条件。但是如果它能帮助你看到新的有问题的地方，多边恋则是给了你一个非常宝贵的礼物。现在你知道了你们关系中的薄弱环节，就可以在这些方面努力。有时你甚至会发现，最好的解决办法是分手。但一定要将潜在的问题搞清楚，而不是把一切归咎于单偶或多边的冲突。

有时候障碍可以用一个词概括：嫉妒心。如果你的情侣同意实行多边恋，你很可能也会感到某种嫉妒，所以不如你以身作则，用行动表示你有诚意首先克服自己的嫉妒心。

因分享性伙伴引起的复杂混合的情感，在很多方面类似做父母的感觉。每个做父母的都会在某些时候感到气愤、沮丧，失去控制，被推到自己的极限，或感到孤独隔绝。但极少数的人因为害怕驾驭不了这些而决定不要孩子。有些人，特别是有早期被虐待经历的人会决定不要孩子，还有的人想把精力放在其他方面。但是绝大多数人能走过来，而且几乎所有的人都在这个过程中更多地了解了自己。最后多数人都认为，养育孩子是人生中令人喜悦和满足的感受之一。克服嫉妒和分享情侣可以是类似的挑战。

不论你的情侣有何顾虑，细心倾听都是最重要的，而且要能分辨出顾虑所反映的，是需要结束关系的信号还是可以加深关系的机会。就是说，问题反映了根本价值观的不同，还是提出了可以解决的问题。如果你的情侣反对的理由是围绕时间和精力，而且不是潜在的感情问题的借口，那么如果不做大的生活方式的调整，恐怕难以找到解决办法。如果你们俩人都工作繁忙，或有活跃的业余爱好，或有幼小的孩子要抚养，那也许你确实没有时间再发展更多的亲密关系。在这种情况下，你们也许可以同意等到孩子大些时再尝试。或者你们可以设法减少开支，找半日工作，或计划提前退休。

现实情况是，多边恋确实需要额外的时间，特别是在开始时。如果你有太多的其他优先日程，时间又有限，那也许不是一个好的选择。

但另一方面，某种形式的稳定的包容性关系一旦建立起来，因为与志同道合者的密切结合而释放的综合能量，可能会使你感到有更多的时间和精力。和其他许多事情一样，在你的关系中加入新成员，选择合适的时间往往很重要。要想成功地实行多边恋，你目前的关系一定要是双方都十分满意。在考虑加入其他情侣之前，充分地相互享受至关重要。如果其中一个人不能通过完全深入的交流沟通而共同成长，那么结果很可能是分道扬镳。

如果你的情侣破坏了单偶的承诺

如果你的情侣曾对你不忠实，也许你首先的反应是感到受伤害，愤怒和背叛。你失去的信任感必须得到弥补。大多数人相信，如果不忠诚可以有被任何原谅的机会，不忠的一方必须保证永远不再违反单偶制。对有些人来说，这是唯一可以接受的解决办法。但其实，要取决于相关情况和动机。同意实行多边恋，也可能保证你的情侣永远不再辜负你的信任和你们彼此间的承诺。

罗哲和伊丽莎白不清楚，他们对两人之间关系的基本原则有不同的理解，因为他们从来没有明确地讨论过或赞同过，是实行单偶制还是多边恋。罗哲的假设是可以找别人，伊丽莎白的假设是不可以。

他们不太清楚什么是彼此可以接受的，什么不可以。他们有些害怕搞清楚，因为更多的信息可能引起两人关系的冲突甚至分手。在这种情况下，外遇可以成为催化剂，加强两人之间的沟通而使其关系更亲密。结果他们发现，其实两人都不反对多边恋，只是没有做一个明确的选择。当向他们提出不同的具体选择方式时，他们发现并不难达成协议。

彼得和卡洛琳有海誓山盟决无二心。当彼得承认了自己有外遇时，他们利用这个机会重新认真审视，彼此希望从对方得到的到底是什么。结果他们发现，自己想要做的，不一定是绝对的单偶，而是要忠诚和彼此关爱的情感。没人愿意被自己所爱的人欺骗、误导或轻视，但单偶制不是唯一的途径，可以使你得到你所期望和应得的全心全意的关爱与尊重。彼得选择了一个很笨拙的作法，让卡洛琳知道他不喜欢单偶，但是因为他们的关系中没有其他严重问题，所以他们能够创造一种更持久的关系形式，可以使两人的需要都得到更好的满足。所幸彼得和卡洛琳有足够的智慧认识到，人的本性不总是永远单偶。在设计其关系形式时考虑到这一点，而不是淹没在指责和愧疚中，使他们成功地保住了彼此间已有的爱和亲密。

有些时候问题归根结底是，谁或什么是你的更爱？你的情侣还是你对理想关系的概念？你更珍重什么？你的幸福快乐还是你的信仰理念？如果你的情侣乐于在不减少与你的关系条件下使其他性伴侣加入，而且给你同样的特权，那么多边恋有可能适合于你们。

当然多边恋的选择不是对所有的人都合适。不要只是因为想让你的情侣高兴而同意。但是也不要只是因为你从来没有考虑过而完全排斥。

如果你后悔已做的单偶制的承诺

你进入多边恋的路程，可能会比上面提到的要顺利些。你最大问题也许是要让你的情侣对你的意图认真起来。你还需要决定，如果你的情侣希望无限期地保持单偶，你是否愿意；或者如果他/她坚持，你是否有决心终止关系。

　　一种可能是，建议在你保持单偶状态时，让你的情侣试验性地解除单偶的承诺，这样他/她可以去亲身了解体验多边恋而不必担心你的越轨。另一个办法是，同意对某一个人或某种情况双方都有否决权。也就是说，在你们的关系中可以允许有空间和你的情侣分享你的多边恋的愿望，但同时说明没有他/她的认可你不会有行动。这样你既实践了单偶的承诺，又没有掩盖自己个性中重要的一部分。如果你的情侣是嫉妒心很强的人，你也许会认为这样无中生有地去冒险很傻。但是如果你真想要一个自己满意的亲密关系，必需讲真话，而且想办法去解决产生的问题。

　　你可以先开始让你的情侣知道你对多边恋有兴趣。如果你已经这样做了，也许是时候告诉他/她，你准备开始付诸行动。时机的选择至关重要。最好选择你们双方都比较放松，没有其他干扰和压力的情况来谈。生日、周年纪念、怀孕期、新为父母和刚刚做爱后，都不是好时机。

　　和情侣公开讨论自己的想法而不破坏已作的承诺，表现出你是值得信任的。你的情侣可能仍然很生气，不给你应有的肯定你是诚实的。但如果你讲清楚，你最终的目标是增进你们俩人之间的亲密度，你则可以立即进入上面讲到的转折点阶段。

一个真实的故事

　　如果你以为我们所说的，既要坦诚又得到自己所想要的结果纯属想象，请看下述的真实故事。

　　玛利和德格已结婚八年。其中七年玛丽和其他男性及女性有长期或短期的婚外情。他们的工作都需要频繁出差，又没有孩子，所以玛丽很容易将自己的多种性生活隐瞒于德格。尽管具体细节的安排不难，但玛丽对自己爱情方式的缺乏诚实深感不安。她很爱德格，而且珍惜他们的关系。但她的性能量比德格强得多，而且有强烈的需要和别的女性有亲密的性关系。

几乎从一开始德格就说明他希望单偶关系。尽管玛丽内心感到多边关系更适合自己的本性，她还是选择了迎合德格的口味。结婚一年之后玛丽试图重新谈判协议，德格听不进去，玛丽便开始了秘密的婚外情。

最后，在她的心理咨询师和其中一个情人的促使下，玛丽向德格做了彻底的坦白，准备德格一定会和她离婚。德格确实义愤填膺，搬了出去。但是分居几个月之后，玛丽和她的情侣都十分惊讶，德格决定，他对玛丽的爱大于对单偶制概念的依附，并急于对多边恋有所了解。于是很快，他和玛丽决定一起对这一新的领域进行探讨。

六个月之后，德格完全相信了多边恋确实可行。他和玛丽的相爱和彼此投入的程度前所未有。他们试着与另一对夫妇发展关系，但没有成功。玛丽停止了约会其他情侣，因为那些情侣感到和德格在一起不自在。玛丽和德格都意识到，要找到合适的情侣需要很多努力。但他们感到欣慰的是，现在可以两人一起去解决这个难题了。

第七章　多边恋者的亮相出柜

"爱情中最常见的反常行为之一，是试图将它局限在隐私的范围中。古希腊人给那些没有政治头脑的，认为性爱只有在私下里表达才是适合的人一个专门的名字，称他们为'白痴-极端愚蠢者'。从这个字的原始意义来讲，白痴即意味着一个完全隐私的人。"

—— 山姆·金《激情的生活》[1]

出柜[2]一词已在同性恋和双性恋团体中广泛使用，形容如实表露自己的性取向这一过程。尚未出柜的人被称为还藏在"柜橱里"。这些概念也适用于以多边恋为关系取向的人。如以下所述，这一过程与同性恋和双性恋的人的经验相比，既有很大不同，又有诸多相似之处。

亮相出柜是一个过程

出柜是一个若干年的渐进的过程。首先要对自己承认真实的自我，即承认自己有时希望不只有一个情侣。一旦认识到自己不是单偶型的，下一步则

---

1 Keen, Sam. 1983. *The Passionate Life* by Sam Keen. New York: Harper & Row.
2 Coming out

需要弄清楚自己真正想要的是什么，并且学会接纳和珍爱真实的自己。对自己出柜，在某种程度上意味着，给自己新的身份找一个富有描述性的名字或标签。你也许以为接受自己多边恋的本性应该是一件容易的事，但我们中绝大多数人已被教育灌输到长期洗脑，认为我们自然应该是单偶的。我们会倾向于尽力把自己制约到单偶制的模子中去，而不去考虑其他的可能，即同时不只与一个人有爱情关系其实完全是可以的。

走出来重要的第一步，是让别人知道你的多边恋倾向。通常来说你最先告诉的，一般是你知道对你的性取向会理解、支持、接受，或至少是不在乎的人。而你往往最后对其出柜的，是对你来说最重要的人，如你的情侣、雇主、父母和家人。

最后你会感到，你不再需要对任何人保密隐瞒。当然你会遇到不同的情况，需要决定怎样表达自己，但你不再害怕被人发现。

多边恋者也许是最后一群要走出来亮相的性少数群体。当今，同性恋者已要求在教堂举行婚礼。有些城市已通过法规，将配偶享有的特权延伸给同性或同居的伴侣。而多边恋尚未被社会承认接受，以致我们甚至还没有一个被广泛理解的名称。这也许是因为，关系取向的变动比性取向的变动，被认为是对已有社会秩序更严重的威胁。

谁是多边恋者

本书中我们用多边恋者一词形容有这种关系取向的人，即他们喜欢或希望自己同时与一个以上的人有亲密关系。这包括每次只与一个人有性关系，但同时与若干人保持情感关系的人，也包括和自己的情侣一起参与集体性交的人。但不包括只对无选择的性交换感兴趣，而缺乏更全面交往的人，因为关系取向不是仅由性行为本身来界定的。

在同性恋者中存在多种情爱关系。有些选择单偶，有些只愿意与匿名者交往，还有些选择有承诺的多情侣关系。多边恋取向的人也大有不同，有的是同性恋，有的是异性恋，有的是双性恋，他们几乎涵盖介乎单偶和混交之间的所有中间地带。

如果这群人中包括所有在同一时间内有过两个性爱伙伴的人，那么我们所涉及的人群为数甚多。如果包括常常幻想有其他情侣，但因为怕破坏单偶型的婚姻而未采取行动的人，也人数众多，以至不能再称为少数人群。即使只包括习惯性地同时有一个以上情侣的人，不论是单身还是已婚，也为数不少。但到底有多少则很难说。

错误的两元论

人们的性取向和情感关系倾向并不总是分为截然不同的类别。例如我在进修性科学时学到，同性恋与异性恋其实并不是两元[3]，而是一个广谱范围[4]。即在从 1 到 10 的范围，如果 1 是 100%的异性恋，10 是 100%同性恋，大部分人是处于两个极端之间的某个位置。"处于中间状态"的人可能将自己定性为双性恋，也可能不这样做。直到不久前多数人都不这样做。当我学到广谱范围的概念时，尽管显然我是处于两者之间，我那时也没有把自己看成是双性恋者。

使事情更加复杂化的是，有些人坚持认为不存在未定的双性恋身份。说自己是双性恋的人，实际是在从一极向另一极转化的过程中。直到最近才有相当多认定自己是双性恋的人走出来说，"性别不是决定我爱谁或不爱谁的最重要的因素。不论在某一个时刻我是与同性的或异性的情侣在一起，我都认为自己是双性恋者。"双性恋者常常提醒我们意识到，我们的性状态往往比我们自己以为的要易变而不固定，即我们都有可能去爱异性和同性的人。

单偶性和多边恋也可能更趋于广谱范围而不是两元极端。很少

---

3 Dichotomy
4 Continuum

人整个一生中只有一个性伙伴，也很少有人从来没有过完全封闭的关系，哪怕在很短的时间里。我们多数人都是在两者之间。有些在两者之间的人是处于过渡状态，有些人则发现，同时有一个以上有承诺的性爱关系对自己最合适。这并不排斥在某一时间段内选择只有一个情侣，而是不能期待这种关系永远保持单偶排他。有时这一中间状态的人不确定自己是多边恋者，仅仅因为他们从来没见过或听过有人出柜说自己是多边恋。我自己就属于这种情况，尽管我已长时间地过着多情侣的生活。

在将自己和别人进行分类时还有一种奇怪的现象，即当两者均可的选择同时存在时，我们往往倾向于非此即彼。尽管其实我们中的多数人都是处于两者之间，我们常常会把自己归于最有吸引力的一端，而把别人归入较差的一类。这种现象在种族分类上最为明显。在我们的文化中，如果一个人的母亲是白人，父亲是黑人，此人往往被认为是黑人。在纳粹德国，一个人即使有一丝犹太血统也被认为是犹太人。但是许多混血儿可以"蒙混"被看成是主导文化群体的成员。

同样，连续性单偶者[5]也许应被更准确地称为连续性多偶者[6]，但他们本人和在社会上均被视为单偶者。自己其实是多边恋的人，也会因为我们文化中与乱交的负面联系而排斥多边恋这一名称。由于负责任的多情侣关系的模式尚鲜为人知，非单偶的概念往往被看成是男性回避承诺的借口，或女人病态的性欲过旺。有谁会愿意把自己和这样的人类同？

多边恋者都到哪里去了？

既然我们人数如此众多，为什么却这样隐而不见？原因之一是我们中的多数人还没有走出来，甚至没有对自己出柜。出柜和隐藏之

---

5 Serial monogamists
6 Serial polygamists

概念的最初存在，是因为一个同性恋者可以轻易地在公共场合以异性恋者的面目出现而不被察觉，除非他/她本人选择暴露自己的真实面目。然而在性交往中，同性恋者必须对自己可能的性伙伴出柜。其实，出柜一词最初是用来形容第一次的同性恋经历。

而多边恋者在性交往中只要不涉及群体性交，则可以不必对自己的性伙伴出柜。而且绝大多数多边恋者几乎很少甚至从来不参与群体性交。在某种程度上，多边恋者与双性恋者的情况有些相似，如果他/她愿意，和异性情侣在一起时可被认为是异性恋者，和同性情侣在一起时可被视为同性恋者。而且直到最近，双性恋者在异性和同性恋者的世界中都隐而不见亦非偶然巧合。令人伤感和遗憾的是，双性恋者不愿出柜的最大顾虑之一，是怕被认为自己不是单偶的。

由于多边恋者[7]可以安全地隐藏，同时满足自己在性和情感上的诸多需要，所以你可能缺乏表露自己的动力。你甚至可以不对自己坦诚出柜，而告诉自己你是在几个情侣之间进行选择，来说服自己你不是想要一个以上的情人，而是你很难做出决定。你可以对自己说"这实在是太难了。"或者你可以告诉自己，你其实对某一情人并不在意，你们的关系只是出于习惯或义务。

要对自己或别人承认，你所想要的在很多人眼中是不道德、不成体统、甚至根本是不可能的，自然会很犹豫。但是试图压抑、隐瞒、欺骗、或否认自己的多边恋本性，会给自己，你所爱的人，以及多边恋的同仁们都带来很大伤害。

隐藏起来的代价

如果带着自己似乎隐藏着一个肮脏的，甚至可能是危险的小秘密的感觉过一辈子，会时常感到孤独、与人隔绝和不协调。即使你只将自己的多边恋倾向局限在幻想和欲望之中，也可能会有一种不安

---

7 Polyamorists 或简称 polys

的感觉，感到自己不对或莫不可测地与人不同。隐藏着的人常常觉得自己似乎是来自另一个星球，感到忧郁、压抑、有自卑感和不自在。

如果你不能开诚布公地表明自己是什么样的人和想要什么，则很难找到相配的伴侣。许多人不愿冒风险轻易公开自己对多边恋的兴趣，怕失去可贵的友谊；也有人可以理解地害怕，如果他们公开表示被邻居的配偶所吸引，会引发嫉妒的攻击或非难。其结果他们往往感到，在已经明确表示自己是多边恋的陌生人中去找情侣比较安全。

尽管很多人都准备让别人知道自己对多边恋的爱情方式采取开放的态度，但由于太多的人还在隐藏，所以很难找到合适的伙伴。像任何被质疑的亚文化一样，最先走出来的往往是那些早已与主流文化格格不入的人，暴露自己不会再失去任何东西。这些人会使公众已有的、认为我们古怪的看法更加曲扭，而且使本来就很小的可能的情侣"基因库"中混入一些一般情况下不适于多边恋的人。还有些人尚处在刚刚对自己出柜的初级阶段，使之真正碰到可能的多边恋关系时，往往会被吓得撒腿而逃。

由于缺乏走出来并建立稳定合法的多边恋情爱关系的榜样，加之可找的情侣人数有限，难免使人感到机会稀少而悲观停滞。不论你是否已经出柜，你都可能怀疑，一种健康的多边恋爱情方式是否真的可行。你也许很难找到可以有助于向你所选择的方向去发展的经验。你也许会放弃，不是出于信念而是由于受挫感而重新选择单偶。

有些人在缺乏社会支持的情况下奇迹般地建立起了令自己满意的多边恋关系。他们对自己和情侣出柜都没有问题，但仍感到必需对邻居、雇主、朋友和大家庭的人隐瞒。他们可能把第一情侣说成是"室友"或"管理家务的"；把第二位情侣装扮成是"生意伙伴"或"家人的朋友"。他们可能避免去会碰到熟人的餐馆和剧院，悄悄地保守自己非同寻常的秘密。他们比起那些单独隐藏着的人来说会好一些，因为他们有彼此的陪伴。但是他们同样在为隐蔽而付出代价，因为会感到隔绝和怕被人发现。

那些活跃的非单偶但又尚未对自己的情侣、配偶和孩子出柜的人，会将其苦恼和卑微感隐藏在不正当而诱人的冒险关系兴奋刺激之下。一个谎言或隐瞒会导致另一个，很快你就会所有的时间都在说谎。过双重生活压力很大，而且十分影响与其他人的亲近感。当你被发现时，不仅会伤害你所爱的人，而且会使你的伴侣将非单偶制与对信任的背叛联系在一起，而且他们也许永远不能从这种混淆中康复。

你的欺骗与不忠，加重了多边恋已经处处要遇到的质疑，更加败坏了多边恋的名声。也许正是这种坏名声最初导致你和其他人躲在阴暗处不敢走出来。所以，我们每个人的怯懦都使我们的整体受损，正像每个人的勇气都会增加我们整体的力量。

走出来的好处

你可以给自己的最好的礼物之一，是允许你自己成为真实的自我。通过对自己的无条件的爱，和尊重你自己所有的品质特性及倾向，给自己以平和之心。这也是给我们所有人的礼物。

允许你自己成为真正的自我，并不像有时人们所害怕的那样，即意味着你可以为所欲为。而是变得更有意识，知道你想要什么和为什么。这样可以更好地在仅取悦于自己，和只取悦于他人而忽略自己之间找到较好的平衡点。

对有些人来说，以多边恋的面目出柜是很自然的事，无须涉及额外的生活方式的改变。你也许已经建立了一种生活可以使多边恋自然融入，没有必要将你自己与单偶的朋友和其他关系分开，或过分强调你的不同之处，也没有必要执迷地追求多边恋关系。不论你的具体情况如何，对自己承认"真正的你是谁"这一内在行为，是最具变革性的。

接受自己是具多边恋属性的人，是更完全的自我认同和个性整合过程中的重要一步。它将你从必需对自己重要的某一部分进行隐瞒中解放出来，隐瞒会使人的整个成长过程放缓甚至完全停止。更糟的是，当否认自己多边恋的本性时，我们的注意力会外移，结果到处可见疯狂的性恶魔，并想加以节制和控制。或者未被使用的性潜能，会无意识地转化成仇恨与攻击性。如果我们都是心理健全完整的，那世界该是多么不同！

承认和接受自己的情感关系取向，是成长为一个成熟的人性个体的至关重要但又往往被忽视的部分。它不仅有益于你个人的身心健康，而且会增进你与他人分享亲密的能力。出柜使建立有道德的稳定的多情侣关系成为可能。它可使你与所有你认识的人变得更开放真诚，因为你不再需要约束自己以免说漏嘴。

走出来不仅使你自己的生活改变，而且你在帮助改变整个文化。每一个走出来的多边恋者，都增加了别人意识到自己的多边恋本性的可能，和加以表露的安全感。我们当中越多的人敢于冒风险公开承认自己是负责任的多边恋者，人们则会越快地澄清不负责任的乱交与有承诺的多偶制关系之间的区别。我们当中有越多的人走出来，我们也越容易找到彼此的相互支持。

当出柜的多边恋者达到关键量时 [8]，性爱作为一种被嫉妒所卫护的稀少资源的过时模式就会改变。视性爱为充裕丰富、可以更新的天赐恩典的新模式将出现于人世。

我该不该出柜？

我们这里集中谈的是走出来的益处。的确，出版本书的目的之一是鼓励更多的多边恋者走出来。我没有因为自己对多边恋这一话题毫无保留地坦率直言而遇到任何麻烦，相反，我的生活因此而丰富多彩到无法形容。

积极组织多边恋团体的努力使我结交了很多朋友，认识了很多

---

8 Critical mass

极有意思的人。我的大女儿是十几岁的青少年时，很为我公开宣扬多边恋而感到羞辱。后来她上了大学，以优异成绩毕业，现在是一个非常有责任感和让人喜欢的年轻人。我的小女儿，除了多边恋以外没有其他家庭生活方式的经历，她喜欢分享我们生活中多样化的朋友和情侣。我的其他家人对我所选择的爱情方式也十分认可接受。

我没有因为暴露了自己是多边恋而使可能的情侣却步，也没因此失去老朋友。他们中的有些人觉得难以理解，有些因感到好奇而追随我。我承认自己是绕过了工作上的问题，因为我选择了在主流心理学之外的领域执业，这样我比在学术界或医学环境中得到的乐趣多得多。

我自己的经验证明，出柜是我所做过的最好的决定。负面的影响几乎没有，甚至我在全国性的电视和广播上露面后也是如此。人们一般来说比我想象的接受程度大的多。我还注意到，我和别人在一起时，不出柜反而会感到不自在和有戒备。当然毫无疑问，由于我选择了住在很宽容和多样化的地方，选择与我有共同信念的情侣，和选择了具有很大灵活性的生活方式而避免了很多麻烦。

取决于各人的情况如何，出柜可能会有一些损失或遭排斥。如果你已婚配偶是一个强烈的单偶主义者，你很可能会经历我们在第六章中提到的那种激烈的心理碰撞过程。如果你的家人不太接受你的独立自主，他们可能对你的出柜也不会太赞许。如果你是牧师、学校老师或搞政治的，你可能需要更谨慎的考虑，或者需要更换职业。如果你是住在一个非常保守的地方，你可能需要考虑搬家。

现实情况是，出柜<u>可能</u>给你的生活带来巨大影响，而且只有你能够决定是否值得冒此风险。但是我热烈鼓励每一个确认自己是多边恋的人都读一下本篇，至少走出第一步向某个人说出自己是多边恋。走了第一步会有助于你决定下一步怎么办。

一般来说，你越早开始出柜的过程，越容易建立一种能反映你真实自我的生活。你年龄越轻，因出柜所必需逾越的障碍越少。我们多数人在成年生活中都会经历成长危机时期，可以利用下一个机会开始创建你自己想要的生活。

怎样出柜？

每个人怎样走出下一步要根据自己的情况和需要，但几乎每个人都会从审视自己的历史和问自己如下的问题中受益：

你什么时候第一次同时有不止一个情侣或男朋友/女朋友？

你什么时候第一次意识到自己是多边恋？

你意识到时的感觉如何？

你对是否让别人知道你是多边恋是怎样决定的？

你什么时候第一次遇到另一个也是多边恋的人？

你对谁第一次说出自己是多边恋的？具体怎样说的？

他们的反应是什么？

你还告诉谁了，或没有再告诉谁，为什么？

接着回想一下在你生活中重要的人，然后问自己：

我对某某，某某的诚实度如何（别忘了包括你自己！）

我想对某某，某某诚实到何种程度？

对某某，某某更诚实的风险如何？

如果让任何人知道你是多边恋都感到风险太大，那很可能你仍觉得自己在做什么错事。那你需要找到一个互助小组或一个开放型的心理咨询师来探讨这些问题。可以开始写日记，真实地记录下自己私下的感觉和体验。试着回应寻友广告或与完全不了解你的人交往，以便自己可以有全新的开始。

以下练习可引导你计划怎样最好地解放作为多边恋的你自己。

让电视机的镜头照入你躲藏的地方　　现在想象，你刚刚接到一个全国电视访谈节目制片人打来的电话，他们想知道你是否愿意上电视谈谈你多边恋的爱情方式。他们还说"你可以带上任何你的情人和你一起上电视"。你深吸一口气，告诉他们你需要考虑一下。他们说过几天以后会再打电话给你。

现在问一下你自己，你对这个电视访谈节目最怕的是什么？什么样的问题你不愿意在全国电视节目上回答？什么问题比较难解释？你会因为什么感到尴尬或羞耻？什么会使你感到非常骄傲？谁会愿意或不愿意陪你去？你会怕见到谁？你不愿意让他们发现你的什么？上这个访谈节目对你会有什么好的或不好的后果？

试着至少部分写下你的答案。然后再问自己，你的生活中需要改变什么会使你不怕上这个节目？最容易和最难改变的分别是什么？

我们知道，对有些人来说，对以上这些问题的完全的回答，可能会比这整本书还长。但这是一种非常有效的方法，发现自己需要做的是什么。每一次这样的公众露面都会有新的发现。

在对自己要走的步骤有所了解之后，可以试试下述写信的练习。

写一封出柜的信　从你认识的人里选择一个人，你想对其出柜但还没有这样做。如可能，挑选一个至关重要的人，如一个情人、父母或亲近的朋友。开始时先表示你对他们正面的感觉，告诉他们你非常珍惜与他们的关系，他们在你的生活中起了怎样积极的作用。如果你对所倾诉的人有矛盾的感情，或你感到是过去曾经错待或误解过你的人，如父母或前夫/前妻，要当心不要责怪或评论他们的所作所为。但可以告诉他们你所感到的伤害，以及你怎样试着从这伤害中保护和疗愈自己。然后在可能的程度上告诉他们你是多边恋并为此感到骄傲。如果你给写信的人是坚定的单偶者，一定要强调你尊重他/她的选择，也希望他/她尊重你的选择。

如果你觉得可以冒这个风险了，就把信寄出去。如果觉得不行，就问自己：从分享这封信中我会得到什么？会失去什么？

下面引用的这封信是苏珊·罗宾丝在1991年全国出柜日写的，并寄给了她成年的两个儿子。苏珊过去曾是老师现在是家庭主妇，她活跃地探讨多边恋已有多年。

亲爱的卓伊和杰弗：

二十年前我和你爸爸旅行时来到罗得岛这个地方。那时我怀着杰弗，卓伊刚刚两岁。我们的婚姻像所有的婚姻一样充满起伏，因为那时我们都不真正了解自己，也不能完全诚实地承认"自己是谁"。

我们按常规安定下来，结了婚，有了孩子。我们婚前没有性生活，尽管我已21岁。我们其实并没有安定下来，总是搬来搬去，两人似乎都在寻找或渴望着什么。我现在知道了，对我来说，我希望我的生活中有多样化的性生活，特别是想有和一个女人做爱的体验。我幻想我和在超市、教堂或学校遇到的某个女性躺在一起。我总想你们的爸爸也在场。我和他说起过我的奇想[9]。尽管他说他不赞成，但有时会因此引起性兴奋。我们一直有一个奇想，即和另一对夫妇一起建一栋房子，两个主卧房，共有一个厨房，有很多空间可以给我们的六个孩子。我们和强森夫妇没完没了地谈论这个梦的可能。现在我意识到这个梦对我来说，就是完全实现与他们夫妇都有性爱关系的奇想。

你爸爸和我现已分道扬镳。我也已经找到支持我关于群体婚姻和多边恋想法的团体。他们帮助我接受了非单偶性的自我。我知道我有能力不止爱一个人，正像我爱你们俩，也爱你们的姐姐。

对你们"出柜"对我来说不是一件容易的事。我已和你们的姐姐谈过所有这些事。和她谈似乎比对你们说简单些。但现在我写了这封信，觉得好多了，好像肩膀上的负担一下子放了下来。

我会永远爱你们，爱你们的爸爸和姐姐，和我们大家庭中所有的人。我感到自己具有一种爱的能力，到目前为止还没有而且也许永远不会有什么边际。

一如既往地爱着你们

妈妈

---

9 Fantasy

第八章　寻找伙伴

"下决心去广泛联络
用你的每一封信
每一个对话
参加的每一个会
来表达你的信仰和梦想
向人们展示你所向往的世界"

— 罗伯特·穆勒 为"联络学会"题词[1]

大多数意识到多情侣关系比单偶对自己更适合的人，常常会感到孤独隔绝，不被理解。你可能也是这样。在一个把单偶制或者更准确地说是连续性的单偶，假定为亲密关系唯一合法形式的文化中，许多多边恋者会很快地学会安全地躲避隐藏起来。但如上所述，不好的是，躲藏之处是最难找到同伴的地方。

男女同性恋者，性娱乐交换者，甚至双性恋者，都已经过奋争建立了自己活跃的亚文化。但是像我们这样，向往有承诺的长期关系而有不限于一对情侣的人，往往感到束手无策，不知怎样联络到自己的知音。不要绝望！尽管多边恋在我们的社会中无

---

1 Robert Muller for The Networking Institute

疑是少数群体，只要坚持不懈，你一定会找到自己的伙伴。

本书自 1992 年第一次出版以来，多边恋者的国际性网络的建立已有很大进展。现在全球性的多边恋组织已有好几个，地方性团体几十个，每个都有其独特之处。尽管多边恋这一日益增长的亚文化，在除少数几个前卫地区外的其他地方还很少见，但在过去几十年中，它肯定已成为我自己生活的现实。

实际上我已经开始担忧多边恋团体中的派别之争，分裂主义，唯我独尊等不健康的倾向，这也许正是多边恋团体在不断发展的一个迹象。如果你从来没看到过多边恋文化中如此多的涓涓细流，你也许不会为在多边恋身份认同中过激的做法而太担忧。不管怎样，尽情走你的回归之路。如果你像许多多边恋者一样，想安静地过自己的日子，感到没有必要为是不是多边恋而大惊小怪，那就这样过下去。不论你的倾向如何，要记住，我们的目标是克服耻辱感和监督制裁，它使公开承认是多边恋成为危险的事，而难以找到同伴。希望我们能做到这一点，而不因我们的独特之处制造另一个受害者少数群体，有些人对这种受害者的地位情有独钟。

现代多边恋运动简史

历史上，总有一些人有多个情侣，二十世纪的人也不例外。那些决定不顾及公众舆论的人做得相当公开，仅举几例，如画家毕加索，好莱坞影星麦当娜，或哲学家卡尔·荣格。政治家、皇储、将军和一般老百姓，通常将多边恋作为自己的隐私而保密。整个历史进程中，形形色色的人曾为从单偶制的枷锁中解放出来而奋争呐喊。本世纪这方面的杰出先驱者，包括诺贝尔文学奖获得者伯川·卢梭尔 [2]，政治活动家艾玛·古德曼 [3]，哲学家丹·卢达尔 [4]，和灵学导师巴格万·施

---

[2] Bertran Russell
[3] Emma Goldman
[4] Dan Rudhyar

里•拉基尼施[5]。所有这些人都以他们独特的方式产生了深刻的影响，但是从当今多边恋运动的发展角度来说，至少是在美国，真正开始形成一个比较广泛的运动，可以说是因两本畅销书的出版而触及了千百万人。

罗伯特•海因莱 1961 年所著《陌生人在陌生地》[6]；和罗伯特•瑞莫 1966 年所著《哈拉德试验》[7]，这两本书除了点燃无数人们的丰富想象之外，还直接促成了全美各地带有人类潜能色彩的基层互助团体的形成。海因莱的《陌生人》一书，激发了新的非宗教"世界教会"的成立。这个教会是由奥伯伦•塞尔[8]创建的，今天在美国各地和其他国家都还有其群体。瑞莫的《试验》一书出版后，出现了很多有关多边恋的小说和文章书信集，以及各种尝试性和众多区域网络的形成，其中有些至今仍很活跃。

与此同时，1968 年拉斯提和蒂拉洛伊合著的有大胆创新的非小说论著《诚实的性》一书[9]，引发了一系列的活动，导致在科克里奇召开的性研讨会[10]，使美国东海岸多边恋的教牧人士、研究者、作家、艺术家们得以有机会聚会联络。科克里奇研讨会还促使约翰和芭芭拉•威廉姆斯于 70 年代初在洛杉矶成立了称之为"沙石"的团体[11]，该团体涌现出若干人类潜能运动的领导者和许多勇敢的人，形成了类似多边恋的社团。整个七十年代，各类书籍通讯，甚至好莱坞的电影，都涉及探讨了非单偶关系的主题。

八十年代初我开始涉足这个领域时，由于艾滋病的出现和里根执政时期，时代周刊宣布"性革命"已经过去，大多数人匆匆跑回单偶的安全港中。尽管七十年代成立的一些多边恋互助团体，例如洛杉

5 Bhagwan Shree Rajneesh
6 Heinlein, Robert. 1992. *Stranger in a Strange Land.* New York: Ace/Putman
7 Rimmer, Robert. 1966.*The Harrad Experiment.* New York: Prometheus
8 Neo-pagan Church of all Worlds 由 Oberon Zell 创建
9 Roy, Rusty and Della. 1968. *Honest Sex.* New York: New American Library
10 Kirkridge Sexuality Conference
11 Sandstone founded by John and Barbara Williamson

矶的"家庭协同体"[12] 和波士顿的"家庭树"[13]那时仍然存在，但其成员已老化且人数减少。对一般大众来说，这些人根本不被看见所以不存在。主宰旧金山地区的非单偶团体克里斯塔公社[14]声名狼藉，他们发表了大量的乌托邦式的作品，但很少有人能承受克里斯塔的全过程，特别是他们容不得不同意见。

1984 年我第一次在唐纳胡[15]电视访谈节目中露面后，决定为多边恋者建立一个全国的和地方性的援助组织，称为因体网[16]，（当时根本不知道因特互联网[17]会很快成为家喻户晓的名字）。我们的网络是很低调的，以致我不知道莱姆·妮玲已于差不多同一时间成立了"多忠诚教育机构"[18]。直到一年之后我们才在花花公子频道的"女性论性"[19]对话访谈节目中相遇。这一运动在整个八十年代像蜗牛爬行。到 1988 年我已精疲力竭，便将精力转向了建立自己的家庭。

由于八十年代初电脑印刷的出现，使我得以将《多边恋－新型的博爱》一书出版，并于 1992 年恢复了名为"潮涌"的因体网通讯[20]。与此同时 PEP 机构也有类似的进展。这两个组织的发展和互联网的普及，使当今的多边恋运动再次兴起。经过多年的不懈努力，互不关联的网络开始连接；老的和新的多边恋活跃者开始合作；东岸和西岸的多边恋组织进行了沟通；莱姆·妮玲和我也携手共办了"爱多多"杂志[21]，取代了各自的通讯，为这一运动提供了一个全国性的刊物。

所有这一切已为你找到同伴奠定了坚实的基础。像我一样，你开

---

12 Family Synergy
13 Family Tree
14 Kerista Commune
15 Donahue
16 IntiNet
17 Internet
18 Polyfidelitious Education Productions （PEP）由 Ryam Nearing 创建
19 Playboy Channel's Women on Sex
20 IntiNet newsletter "Floodtide"
21 Loving More

始的选择之一，是成立一个自己的互助小组。如果成立多边恋互助组对你造成的威胁太大，或者对你更广泛的兴趣局限性太大，你可以考虑组织一个沙龙式的讨论小组，涉及面可以更广泛。例如家庭的替代形式，更有意识的情感关系，和意向性群体。在这个小组中建立了信任之后，你可以出柜，看是否有人和你一样但也还在隐藏。

如果你觉得这听起来工作量太大，你也许会愿意参加一个多边恋讲习班或一个地区性的会议以遇到同伴。或者你也可以参加一个网上多边恋讨论组。如果你没有电脑或不能上网，可以找多边恋的笔友。总而言之，不论你的具体情况如何，你都有办法和你有共同想法的人联系起来。

讲习班和研讨会

参加一个多边恋者的活动，也许是最快也是最容易的办法可以使你对多边恋的文化有所体验。多边恋讲习班是一个精心设计的程序，可以使多达 36 个人进入群体性的亲密关系。讲习班可以是一个晚上，一天，一个周末，或有时时间更长。每个讲习班的重点有所不同，但都是采用前几章中提到过的，有关多边恋的八个步骤中的某些内容，以使身心、情感和性功能达到平衡。本书最后附有怎样和我们联系以得到近期讲习班日程的有关信息。

这些活动对有情侣的或单身的人都适合参加。但如果你有不止一个情侣，最好是一起参加，这样收获更大。有时有几个情侣的人担心一起参加容易引起嫉妒，或是想能有机会单独参加以便结识新人。这些正是讲习班所要涉及的问题。在一个安全的环境中使这些问题表面化，你会得到支持，学习如何面对和处理这些情况。

你也可能会想参加更大的聚会，研讨会或宿营活动，在那里可以遇到成百的多边恋者，使你有一种部落归属感。这些大型的会议和聚会一般不像小的讲习班那样有亲密感和具体帮助，但这些活动确实可使你有机会接触很多人，和体验到多边恋社团群体丰富的多样化。我永远忘不了多边恋团体第一次大聚会的兴奋（所谓大是指超过一百人以上）。那是 90 年代在加州伯克利大学校园中举行的。我们开车到入口处时看到人们排着长队等着进入。我过去从来没有在一个地方见到过这么多的多边恋者！互联网也许是最好的办法，能找到什么时间在哪里有什么活动。

网上寻友

在世界性网站出现之前，人们已开始利用电脑会议，网上通讯和电子邮件为分散在各地的多边恋者建立空中团体。当然电讯虚拟团体与面对面，有血有肉的目光和肢体接触无法相比，但是如果你确实住的偏远，只要有电脑并能上网，你就不再会感到孤独无助。

现在你只需要在查询栏内打入关键字"多边恋"，即刻便可与几十个多边恋的网站联系上，其中包括个人网址，寻友广告，以及学术性讨论对话。当你看到这本书时，你已经可以找到我们的网站：www. lovewithoutlimis. com。另一个多边恋的主要网址是"爱多多"杂志的网址：www. lovemore. com。但要注意，选择上网这条路之前一定要弄清游戏规则，以免上当。

建立互助小组

与上述两种办法相比，建立你自己本地的有可能长期受益，但也需要持续艰苦的工作。在建立互助组之前，有几个基本问题需要决定。你对自己的意图越清楚，这个小组越有可能满足你的需要。首先需要决定的是互助组的范围和重点。你准备接纳任何形式的非单偶制的探讨者（如开放关系，亲密网络，男性一夫多妻，性娱乐交换，多忠诚，群体婚姻，等等），还是局限于选择某种特定形式的多边恋者？另外，你的小组成员中包不包括只是好奇的人，或是有认真的长久兴趣的人，还是只包括已有过实际经验的人？

再下一步你需要确定，这个小组主要的目的是什么。你是想有一个安全的场所讨论包容性情感关系的有关问题和顾虑，探索形成理想关系的理念，还是为建立你的大家庭做准备？你想要一个松散的网络，尽可能包括更多的人，而且没有任何附加条件，还是想有一个有承诺的团体，目标是使其成员变得越来越亲近，并互相帮助取得新的人际交流的技巧？

你想要组织对性采取宽容态度的活动，参加者可有性交往，还是仅限于交谈、跳舞和友善拥抱？你是否想成为一个交友俱乐部，为单身或情侣们提供长期或短期寻友服务？如果你不是要成为一个交友俱乐部，则需要对可能的成员认真鉴别，因为你肯定会吸引单纯的性游猎者。这些可能性并不相互排斥，但是不同的目标结果会形成不同的团体。

请花几分钟认真想想并完成下列句子：

这个互助组的主要目的是 ＿＿＿＿＿＿＿＿

这个互助组包括的成员是 ＿＿＿＿＿＿＿＿

这个互助组的组织和运作由 ＿＿＿＿＿＿＿＿负责

参加这个互助组活动的费用是 ＿＿＿＿＿＿＿

这个互助组的情感基调是 ＿＿＿＿＿＿＿＿

接下来可考虑一些具体细节：

在哪里活动？

多么经常？

什么时间？

有什么程序？

小组人是固定的还是可以临时来的？

我们的经验是，一月一次每人带便饭的晚餐，随之以静默或围圈击鼓，然后有小组讨论效果较好，但你要决定什么对你最合适。做了上述准备之后，便可以开始物色成员。

寻找其他多边恋者

口口相传　你可能已有体会，想让任何事情在任何地方传播的最好方式是口口相传。但是作为一个孤独的多边恋者，也许这对你不可行。你或许已有过不好的经验，发现你的朋友中没人想听你怪异的性欲望，或许你害怕提及此事会使你与亲近的人疏远。口口相传肯定是要有一定的时间才会起作用。但我们鼓励你敢于冒此风险，和你个人网络中的某个人谈谈此事。尽管你直接谈话的人可能不热衷，但他们也许认识什么人会感兴趣。不管怎么样，这使你有了机会练习对别人描述你要组织的互助组。当然要判断好对什么人谈及此事，但也许会有意外的惊喜。

一个成功的故事　保罗开始时非常谨慎，不对同事谈及自己对多边恋的兴趣。但他最终还是对一个很亲近的同事比尔提及了此事。比尔的反应很平常，既不惊讶也不表示有兴趣。但是一年以后，保罗突然接到另一个不太熟悉的同事鲍勃的电话。鲍勃和比尔乘船出海游玩，谈到他很难找到多边恋的同伴。比尔想起他和保罗的交谈，建议鲍勃给保罗打个电话。保罗非常高兴得知自己的公司里也有人对多边恋感兴趣，于是约好和他再打电话详谈。那天晚上保罗与鲍勃通话时更兴奋地知道，公司里的另一个人，保罗认为很有魅力的帕特丽莎，是鲍勃的情侣。鲍勃和帕特丽莎都非常高兴地得知当地有一个互助组，而且很快还将有一个全国性的聚会。

已存在的组织机构　下一步最好的办法，是查一下致力于单偶替代方式的全国和地方性组织。本书后附的"组织机构索引"和上网查找，都可找到联系线索。这些团体中有的会列出想找伴侣的成员名单，有的组织年度聚会。还有的有通讯出版物，包括地方互助团体的信息。还可以与你社区中的一些团体联络，某些组织中有兴趣者的可能性较大。例如替代方法疗愈师，按摩师，双性恋者，非宗教者，一元教派，新纪元教会，奥修门徒，可持续性农业，即兴舞蹈，再生信仰者，自由意志论者，民权活跃分子，高智商学会，唐卓师等其他非主流组织 [22]。

登广告　精心选择的专门广告可带来很多回应，但其中很多人可能不适合做你的小组成员。如果你打算花时间鉴别回应者，而且已经有或者愿意学习这方面的技巧，这种方法可能奏效。广告至少要登四周再评估结果，登的时间越长，结果越好。下面是两个当地互助组刊登的广告的例子，你可自由选用。

不必是单身，不必是夫妇　还需要更多吗？你也许是在寻找群体婚姻/大家庭。群居先锋互助组现招收新成员。如有兴趣请附带回邮信封寄给....

九十年代的情感关系　大家庭网络是一个每月自带便饭聚会的讨论互助小组。在小家庭日趋瓦解的今天，为有意创造和培育有承诺的多伴侣爱情关系的人提供安全健康的选择和有关免费信息....

鉴别挑选

我们建议将回应寄到一个邮局信箱。你可以让回应者写一篇为什么对该小组有兴趣的短文，也可以让他们填写一份你为鉴别挑选而设计的问题单。还可以在此之前，先给他们有关你的小组情况简介。不论怎样做都要及时回答问询，否则会影响信誉。

这些措施会有助于你筛去不可避免的不适合者。可以肯定，尽管你在广告中说明了你所发起的不是性交换娱乐组织，性娱乐者们照

---

22 Alternative healers, massage therapists, bisexuals, pagans, Unitarians, New Age churches, rebirthers, libertarians, civil liberties advocates, Mensans, tantrikas and other alternative movements.

样会来登门。还要小心的是，一个温暖友爱有数个成年人组成的大家庭，对任何未因社会影响而排斥这种家庭形式的人都自然有吸引力。这也包括会促使精神和社会能力不健全的人做出反应。但他们的能力有限，无法参与这种互助组。还要设法排除有严重烟酒或吸毒嗜好的人。最好把你的注意力集中在只有一个主要问题的人身上，即他们在单偶制的文化中有多边恋倾向。见面之前最好有较长时间的电话交谈，然后可签一个书面协议。

挑选成员的过程可能很费时间，但这是值得的。尤其是在你的小组初建阶段。一个棘手的人足以吓跑十几个性情相近的组员。特别是如果小组的协调人缺乏经验，不知道怎样坚决地但又和风细雨地与之面对，并在必要的时候排除一个有麻烦的成员。

另一方面筛选也不能过于严格。有一个团体的挑选小组太过激，以致拒绝了一个已在一起生活了五年多的三人行小组，因为他们不能确定这个三人小组是否愿意发展成一个扩展式的大家庭。

怎样来判断某人是否会是一个好的成员呢？首先要相信你自己的直觉。其次要注意找愿意谈及自己的人。和这种人的交谈中有说有听，有给予也有所得。他们敢于表达自己的看法又不具攻击性，而且不怕表露自己的情感。如果这些人曾参加过某种形式的小组，如同仁心理咨询或支持性的大家庭环境，都会有帮助。最后还需要考虑候选人的情感关系历史。如果一个人从未有过有承诺的亲密关系，很可能不会是好的成员，除非他们还很年轻。

那么广告登在哪儿呢？多数大都市地区都有非主流的周报，上面有很受欢迎的"个人广告栏"。许多城市还有一两份专为单身人办的杂志。也许需要说服编辑，你提供的是一种合法的服务。不一定成功，但值得一试。如果是住在乡村或非常保守的地区，困难会更大。但也许你能找到一个区域性的刊物会接受你的广告，或许你也可以考虑搬到另外的地方去住。

另一个可能是在一个发行量较大的全国性的非主流刊物上登一

个专门广告。这样可能贵一些，但你可以和几个不同地区的人联合登一个广告。在"爱多多"杂志上登广告是很必要的，但只这样做不会有足够的回应以形成一个小组。

如果你是住在一个进步的地区，在某些地方张贴便条也许可以得到好的结果。如健康食品店，比较自由化的教会，全身心健康中心，性信息中心，非主流书店，图书馆和大学校园。有一个互助组贴了一张很聪明的传单，列举了一些有关多情侣关系的经典科幻作品名单。这些书名一般人看来不会有什么反应，但对多边恋真正有兴趣的人一眼就会看出来。

还有，一定要给有关的社区张贴栏或咨询联络网，提供有关你的小组的信息。婚姻家庭咨询者和心理治疗师也有可能向他们的咨询对象介绍你的小组。

如果你真的很勇敢，可以试试某些广播电台的访谈节目。广播媒介会引起很多反响，但我们尚未通过这种渠道找到过高素质的人。

小组聚会的形式和内容

我们的经验证明，在聚会中将事务性的内容与实质性讨论分开效果比较好。还可以尝试爬山、野餐、游泳或跳舞等形式的聚会。最好每个人都参与活动的计划安排和发展新成员。如果你的设想是建立一个以义务工作为主的低开支或无开支的基层组织，开始就要讲清楚，要靠团队精神和每个人负起责任才能成功。否则如果所有的事都由你自己来做，你很快就会精疲力尽，小组也不可能持久。

我们一般是有一个安静的开始，短时间的静心使小组的精力集中起来。如果有新的人参加，可以简短地互相介绍。用唱歌、击鼓或跳舞的形式开始也是建立集体感的有效方式。活动内容可以建议几个讨论题，做沟通性的游戏进行交流，或请某人作专题讲话。也可以向我们借电视访谈的录影带，看看多边恋者如何被抛向如狮子般的观众。

小组活动了一段时间后，会有必要花些时间处理成员之间可能出现的问题。任何想要持续下去的团体，都需要设计一个解决矛盾冲突的程序，否则有不满情绪的成员就会退出。因为小组的目的是使成员之间互爱互助，所以应该在矛盾发生之前就有协议如何解决。或者可与我们联系办一个专门的讲习班，帮助你的小组有所突破，达到更高层次的能量结合。

小组开始之前应对某些基本原则达成协议，以下是一些建议要点。

1）保密性　在小组会上谈到的任何人或事，在没有得到本人明确同意的情况下，均不得在组外以可以辨认此人的形式谈论。

2）尊重　每个人都有权发表意见，和不受批评或评论地被倾听；有不同意见时，用"我"开头的句子来表达，例如："我不这样看"，而不是说"你说的不对"。

3）准时　开始结束都要按时。

4）出席率　如果你们的小组定期聚会，而且目标是增强亲密度和促进个人成长，也许应该有定期到会的协议。

每次聚会最好有一个主持人，可由组员轮流担任。必要时可以有两个主持人，一个较有经验，一个经验较少。活动当中可有一些自由时间，但最后要把大家召集到一起，做简短结束或集体拥抱。

事务性的会议最好对重要决定和行动方案有记录，并在组员中传阅，以便大家记得自己同意过什么。有些团体对所有的决定都要共同认可，即每一个人都完全同意才可做出决定。这种做法，相对简单多数或权威结构的组织形式来讲要费时间，但从长远看对集体的形成有好处。

注意不要让一些坏习惯渗入小组会，如某人的支配，相互竞争，无助感，或需要照顾什么人等等。要尽量保持和谐合作的气氛，让会议开的简单有趣。要记住，这个小组的目的是相互支持，所以要找到一种办法使大家都能受益。

顺其自然的做法

假如你认为以上所说的关于寻找挑选组员，组织会议，聚会规则等太麻烦，你也可以试一种随意的方法去找伙伴。如果你有幸是住在一个比较容易遇到很多人的地方（也许因为已有其他人打基础建立了活跃的聚会地点和活动），而且你知道怎样和他们有意义地交往，这样你也许可以少花些力气而有一个多边恋的网络。

最好的办法是靠你的直觉发现与你有共同兴趣的人。与其交往，结识彼此的朋友，花些时间在一起相处了解。如果你们都能开诚布公，以真实的自己出现，能诚实地说出自己的需要，而且愿意在产生恐惧心理时共同认真对待，那么可以很自然地形成一个小团体。

第九章

构建多边恋的家庭群体

"只有当一个体系是僵化而不灵活的，并与其生存环境相隔绝，其复杂程度才必定是有限的。与环境持续相互作用的自我组合体系，有能力通过放弃结构的稳定而代之以灵活和开放的进化，因此大大提高该体系的合成复杂程度"。

—— 艾力克·詹茨《进化的设计》[1]

有些人发现自己还没有有意识地决定要建立家庭时，就已经处于一个多情侣的家族或亲密关系网络之中。由于这种形式太超出我们一般的文化规范，许多人开始时只是不安于现状，后来才知道自己是想多有几个伴侣。但一般到这时才意识到不知下一步该怎么办。还有人只略微有过一点多边恋的体验，但时间不长。可是因为有过这种体验，尽管短暂也使他们意识到，爱情可以不仅限于一对一排他性的情侣，因此不甘再循规蹈矩。另外，还有三人行或更大的有承诺关系的情侣群体，希望进一步扩大其家庭群体范围。以上这些人都会发现，建立一个自愿组合的家庭群体，说起来要比做难得多。

那么怎样为多情侣的家庭群体或亲密网络寻

---

1 Jantsch, Eric. 1975. *Design for Evolution*. New York: George Braziller.

找、吸引或挑选合适的伴侣呢？遗憾的是对这个问题没有简单的答案。在过去二十几年中，我一直在身体力行，到现在为止，可以说已经对各种可能的组合方式都进行了尝试，同时我也对这方面的先行者们的历史作了研究。这些年的实践使我认识到，如果对这样的家庭形式应该是怎样的，事先有了某种固定的想法，反而会有碍于这种家庭群体的自然形成。在我的生活中，吸引许多朋友和情人对我来说一点不难，难的是怎样使一群有共同理念且配比度很高的人能相互吸引，像对我一样地彼此有兴趣。尽管不容易我还是发现，只要我能真正发自内心并对周围的人真诚地表达自己，一个家庭群体的形成过程会被自然地引发、成长、发展，其结果可能是也可能不是我所想象的。

我的经验是，多情侣的生活方式既有可能大大增添生活的色彩，也极有可能使人的生活天翻地覆。驾驭这种爱情方式之复杂，也许正是上天的办法来阻止某些人滥用权力，误导由合成的爱所释放的巨大能量。不像简单的以两个人为单位的关系，不论其是开放性的还是封闭的，新模式的扩展式群体中的每一个成员，都必须是独立地心甘情愿地彼此选择，放弃以自我为中心，而把相互的融合放在首位。这也就是为什么由偶像领导的旧式情爱群体比这种平等式的群体组合要普遍的多。在旧式组合中，每个群体成员的首要融合目标是群体的领袖而不是彼此。这其中隐藏的令人费解的悖论是：新模式的情爱群体很少是偶然发生的，但同时又绝不可能由一个人或一对人的意志强迫产生。

多情侣大家庭的建立没有一个唯一正确的方法，正像爱情关系没有唯一正确的形式。我们用"扩展式"一词来形容所有认为他们是一个家庭的有承诺关系的性爱群体，不论其是否住在一起或是否彼此有婚姻关系。在多边恋的发展史上，曾给传统式的家庭，即符合我们文化中小家庭模式的那种家庭形式以更多的肯定。我们所说的扩展式家庭的不同之处在于，它有两个以上的主要情侣。从下面举的几个例子中可以看出，如果仅因为某种形式的关系不符合我们的观念，即我们所想的一个家庭应该是什么样的，而拒绝尊重或承认人们的相互结合，这样只会减少生活的乐趣，忽略我们其实是属于一个活跃的有生命力的大家庭。

同样重要的是应该知道，有些人使用家庭一词仅限于有血缘关系或婚姻关系而住在一起的人，但还有其他的人对家庭一词的使用很广泛，几乎是类似于亲密关系网或有特别兴趣的群体部落的同义词。我认为，一般来说，当我们开始着手修正家庭一词的定义时，我们在冒很大的风险，在把自己放进我们所要极力回避的单一文化的禁锢。但是如果同一词汇术语对不同的人有不同的含义，则会在沟通中造成相当的混乱。

在本书中，我使用扩展式家庭一词是指一组有承诺关系的朋友和情人以及他们的孩子，不论其采用的是亲密网络还是群体婚姻形式。我认为相比之下，部落群体比扩展式的范围更大，可能是包括若干相互关联的扩展式，或几十个有松散关系的个体。在我的观念中，关系网和社团可涵盖许多不同层次的关系，其成员也不太适于被称为家庭。他们当中既包括只是彼此略微相识但享有共同兴趣或价值观的人，也包括更亲密地相互结合的人。不论怎样，以下谈到的有关扩展式的一些问题同样适用于部落群体，关系网络或意向性社团。

我希望通过论述这其中涉及的一些问题，能有助于你熟悉这一神秘的领域。我的亲身经历使我看到有些做法常常失败，而有些则容易成功。你的情况也许很特别，但分享我的经验或许可以帮助你少走弯路。

从零开始

单身的人建立家庭所面临的问题往往不同于两个或三个情侣所面临的问题。单身人经历的这一过程在某种程度上要简单得多，因为他们不需要在已存在的主体关系和新的组合中寻找平衡。另一方面，单身的人如果单独地与一对情侣结合，也许会感到太孤独脆弱，而缺乏勇气继续下去。这也许是为什么不少单身的人认为，要创造扩展式，自己首先要成为一对情侣中的一个。

尽管一般来说与一个情侣建立亲密关系，比与数个情侣要容易些，但是一个单身的人若要追求在一对情侣中占主导地位则需要三思。当然如果你自然地遇到了理想的伴侣，不必因种种可能而却步，只是要了解，进一步的延伸可能不会很快发生。我从自己的经验领悟到，建立扩展式一般不适合于"新"的情侣。我所谓的新是指在一起生活不到十年。

我从自己和其他不止一对情侣或三人情侣的关系中看到，组合扩展式家庭是一个漫长的过程，而且各有各的轨道。一对情侣或三人情侣一定要已将本身的大部分问题解决，愿意并能够超越目前的情侣范围而进行扩展延伸，否则尽管他们可能有许多性经验甚至是有意义的友谊，仍不真正具备条件与他人组织家庭。从以往的经验来看，这一过程至少需要十年，甚至往往更长。

即使当一对情侣在感情上已经成熟到可以扩展延伸，而且开放式的婚姻已经存在，当真正发展到下一步时仍需要相当的过渡，使自己感到既是相互结合又是独立的个体，即彼此不相互占有，也不必为彼此的感觉负责。可能很少人能对文化的影响免疫。这种文化模式告诉我们，一对情侣之间有不能与他人分享的特权和义务。大多数的情侣都需要克服很多文化环境的影响，才能真正超越界限而扩展。

一对情侣常常希望找到另一对合适相配的情侣，以在不打乱成对格局的情况下形成一个愉快的四人行。这种想法听起来有道理也有吸引力，实行起来却往往好景不长。常见的情况是一对伴侣中的一个比另一人与新伴侣的结合更紧密，因而搅乱了原有的平衡，而维持这种平衡是最初形成四人行的动机之一。在这种情况下，情侣们会分开回到原有的双情侣以得到某种稳定，或者是一对情侣分开，其中的一个人与另一对情侣形成三人行。其结果是四人行未成，因此而形成的三人行倒可能持续很多年。

如果你来自一个健康和谐的双情侣或三人行，坚持下去，继续在不断遇到的问题上下功夫以求更亲密的结合。如果你们的感情关系不健康，充满矛盾冲突，则要清楚，或者要治愈或者要离开这个关系，才有可能建立扩展式家庭。不要欺骗自己。如果你们难以吸引到其他人，很可能是因为你们之间的关系有排斥力，谁也不愿卷入你们的交战中。

处于小家庭式的双情侣需要克服因惧怕心理造成的彼此疏离；单身的人去找自己情投意合的人要克服强烈的社会影响，而不是接受一个现成的可以分享的情侣；这两者之间哪个更难的争论没有意义。无论多边恋的单身或情侣，都需要面对因亲密感和承诺关系所引起的心理恐惧，正像单偶生活方式的人所要面对的一样，而且在单偶制中这种恐惧心理往往更强烈。

总而言之，无论你从哪里起步对你来说都是最合适的。你要走的路可能很长也可能短些，取决于你有多大的勇气面对和克服你所要碰到的问题。但有一点可以肯定，在建立扩展式家庭的过程中有时你会感到走投无路。无论如何，要谨慎从事。对自己和别人一丝不苟的诚实，是能安全地引导你渡过难关的唯一向导。如果你想有机会学习放下自我中心，学会信任，那不论结果如何你都会大大受益。如果你想要按一个既定的计划照章办事，那么等待你的将是受挫感。

现在我们来看一看一个已在一起生活了二十几年的三个彼此结婚了的人最初是怎样走到一起来的。后来又有几个情侣先后加入了他们，但他们感到自从突破了单偶的禁锢之后，他们之间的关系并没有因为家庭的扩展而有太大的改变。

一个群体婚姻的诞生

当大维和凯瑟感到他们的生活中缺少某种重要的东西时，他们已在一起生活了近十年。他们俩都事业成功，彼此关系也很不错。大维笑着说，"以现在的眼光来看其实是相当糟糕。但那时我们认为，至少还没有打得一塌糊涂，所以一定是还不错。"

大维和凯瑟下决心摆脱安静沉闷的生活去寻找他们的梦。他们变卖了一切家产，辞去了工作，开始走上了自己的精神之旅。"我们感到生活应该意味着更多，但又不知道是什么"，凯瑟沉思地说，"六个月之后我们在伯利兹遇到了塞拉和马克，他们和我们的境遇大致相同。为借助集体的智慧，我们四个人合在一起，花了相当的时间在我们自身的问题上下功夫。前提是完全的坦白开放，没有任何隐藏和秘密，相互触及灵魂。其中一些问题是关于性。我们都清楚地感到我们之间有性关系是适合的，而且这是我们要进一步探讨的领域。我们发现性当中含有如此大的能量，如果对此不清楚，能量则无法得到释放"。

"大维和我在我们关系的早期都有过其他情侣。可以说我们实行的是开放式婚姻。但那时我们还没有群体婚姻的经验。我们都看过《陌生人在陌生地》一书并十分共鸣，但我们感兴趣的不只是互换太太的尝试，我们的动力是了解自我，所以能够面对嫉妒、占有欲和别的其他反应。"

大维接着说，"我们到达伯利兹时是处于这样的心态，到那时为止还没有什么使我们满足。生活肯定不只是这些。我们情愿在每一处停下来，抛开所有的清规戒律，所有的信仰，因为只有这样才有希望。我们真是破釜沉舟背水一战。在那种情况下，没有什么已知，没有什么应该，出现什么需要解决的就面对什么，我们需要彻底清理。为此目的，我们将自己与社会完全隔绝，到一个偏远的乡村，完全摆脱空间与时间的概念。这样渐渐地摆脱所有的信念和固有意识。我们需要重新开始。"

塞拉插话道："我曾经是典型的过分追求成功的人。麦克和我都认为我们很风光，准备经营一个电视网之类的事业。在我们开始成功的时候，往前看了一下那些很成功的人们，感觉并不好。从人的角度来看他们其实是很不愉快，很悲惨可怜的。所以我们对自己说，这不是我们想要的。我不知道想要什么，但是想去寻找。直到那时为止我们一直过着很正统的生活。这时一笔遗产继承使我们可以不再工作。我们旅行了一段时间，有过很多奇遇，后来遇到了大维和凯瑟。

"我和麦克的性生活在下降，我们俩都不知道怎么办。我们是在家庭压力下结婚的，两人都已开始考虑婚外情，但都没有开诚布公。所以在性上可以对大维和凯瑟开放，像是一个心理大爆炸。但我们首先感到的是在一起的能量的融合。我们最初相遇时，我体验到一种从未感到过的我自身的力量。二十四岁的我第一次感到了真实的自己。后来想到性是这种能量的一部分，而且是可以分享的。这简直打翻了我以往的一切。无条件的爱和开放包容的性关系，迫使我面对所有精神挑战。"

大维插话说，"最初我们并没有从理念上重新考虑性的概念，以及在整个人类面临的困境中性所起的作用。但是这个问题不停地冒出来。例如我们本来是在探讨情感的本质，结果突然又回到性的问题。当我们在从哲学的角度讨论什么是真正的无条件的爱，砰的一下，又是性！每当我们探讨某种抽象的概念时，必然涉及到性。好像它是在每一个角落等着我们。直到我们终于意识到，哦，明白了，一定要正视这个问题，也许它比我们想象的范围大得多。

"事实上，四千年以来，我们一直过低地估计了性作为一种积极的精神能量的潜在功能。对我们来说，归根到底，性即是灵。难道我们所说的，不是将我们所有人联结在一起的那种最基本的生命之能吗？性高潮的那一刻难道不是灵性顿悟的一刻吗？当时这对我们来说简直是不可思议的想法。但正是这种新鲜的，几乎是犹豫不决的发现不断地冲击我们。最后我们说，那好吧，我们一定要进入这个领地。其结果使我们成了一个坚固的群体婚姻。

"我们不断寻找的是上帝，不断发现的却是性。所以不禁在想，

'我们怎么了？是性恶魔吗？哎呀上帝，我得禁欲独身。我选择下半辈子独身。'但这也不是办法。对真实的承诺是使我们继续的动力。

"从那以后，我们对情感关系没有什么太多的新发现。"大维概括地说，"我们现在的一切，是在到了伯利兹一年半之后就已经到位的。"

塞拉补充说，"怎样对待嫉妒真的很重要。如果没有这一点，在麦克离开之后，我无法与大维和凯瑟相处。我们离开伯利兹之后，麦克想回到漫游全球的行程，但我想继续朝我们四人找到的方向发展。我很爱凯瑟，希望她有最好的一切。这似乎和我想自己拥有最好的一切的本能是矛盾的。发现凯瑟和麦克在那做爱，我有可能感到嫉妒，但同时又有另一种体验，觉得这不是很好嘛，我太爱他们两人，这样真是太美了。接着又想，我应该觉得嫉妒。从这里我悟出，嫉妒不是必然和必需有的，不是永远一定要在那里。它是一种选择，只是时间中的某一刻。我可以把它放下，也可以一辈子背着它。我从来没想过还有这种可能。认识到这一点给了我极大的自由感。

"我们确有协议大家一起做这件事，所以没有人要单独承受忌妒心。几乎每天晚上我们都有一个完全真诚的沟通，可以分享一般不会说的事。知道我可以在真诚的爱的气氛中说出自己的想法，而且可以及时地得到治愈，对我很有帮助。我们的协议很清楚，彼此间可以有性。最后我终于明白了，不论我的身体在不在和他们做爱，我都在那儿，永远在。

"围绕性的问题涉及了我生活的全部。如果我清理了性方面的嫉妒，所有的物质上的占有欲也就得到了清除。"

大维说，"在我们四个人当中，也许我的嫉妒指数最低，但我仍然要正视它。有几点对我作用很大。首先把嫉妒心看成是一种选择，一种文化陋习。不存在所谓嫉妒基因。第二，嫉妒心没好处，它不能使凯瑟和我更亲近，而只能使我们疏远。第三，也是最后的一步，我不直接参与也能体验到欢悦。当我们四个人在一张大床上做爱，听到凯瑟兴奋地呻吟，我会感到一浪一浪的欣喜若狂，而我是和塞拉在做爱，而且是处于做爱的不同阶段。但这对我不是分心，而是情感的浪潮通过我又冲向塞拉。所以我说，我得到的更多，不是更少。"

希望我们在沿着凯瑟、大维和塞拉这样的人开创的路上前进时，能借阅他们艰辛得来的智慧。

现在我们再来看一下一个亲密网形成的过程。

我自己的故事

在过去的二十几年中，我一直在自己的生活实验室中探索，怎样可以更充分地、自由地、更有意识地去爱和被爱。作为一个一贯性欲很强的人，我多年来一直在奋争，将我的性与情感，精神和知识的生活融合一体。我一方面在探索怎样对别人更深地开放自己，而不受排他性和占有欲的束缚；同时也在探讨，怎样使亲密的平等的同类和群体的能量汇集成一个有生命力的团体，而这个团体不依赖某一偶像人物的领导或激励。这个旅程真的很长，充满惊奇，有苦有甜。

有的时候觉得终于找到了归宿，有时又感到走投无路。但在整个过程中，我发现，最重要的同盟者，是我对自身真实体验的信赖。我越能够允许自己去了解和表达这种真实，不论政治上适当与否，我越发现自己的脚底坚实。我对爱情和情感关系的一些看法在这本书第一次出版之后已有所变化，而且仍在变化，但与此同时，我最深的信念，最美的梦，和对我最大的吸引，并没有随时间而改变。随着我的理解不断长进，我自身的表达方式也在采取不同的形式。

回首往事使我意识到，过去二十几年间，我其实是一直在构建一个亲密网络。这个过程始于 1975 年，我和第一个丈夫分手一年之后，如痴如狂地爱上了杰克。他第一次和我做爱时，我感到他是在敬拜神，而且我确实看到了星状物。这是我初始的唐卓体验，它改变了我的一生。然而，事情很快清楚了，杰克不会和我结婚，我们也不会从此幸福地生活在一起。我要到另一个州去读研究生，他告诉我他不是单偶，还有几个女朋友。再有，我们触动彼此的电钮太激烈，很难在一起时间长。我那时还很年轻，对情感关系懂得很少。但我知道杰克对我灵魂的触动如此之深，我想让他永远留在我的生活中。

我认识到了，我有一个选择。我可以超越自己的嫉妒心和期待，无条件地去爱他，或者是试着将他从我心中排出，忘掉他。我选择了继续爱他，那时不知道这会把我引向何处。几年之后，我第二次结婚，试图将我自己纳入传统模式：有一个有进取心、人缘好的丈夫，和一栋围着白篱笆的房子。他和一个过去的情人有隔不断的情，但他只可以接受持续的友谊，不能容忍婚外情。我当时在为我的博士论文做有关家庭暴力的研究，震惊地发现，我在研究中看到的虐待型婚姻中存在的现象，如支配、控制、嫉妒和依赖，竟然在我的婚姻中也存在，只是程度不同。我下决心要找到与我的信仰和生活目的一致的爱情，但不知道是什么，所以又离了婚。

不久之后我加入了一个非主流的心理治疗师小组，每两周聚会一次，坚持了一两年。我们轮流当主持者，讨论自身的问题，探讨群体意识，开创新的途径和综合疗法，使我们进入新的心理心灵领域。我们也想象过发展一种更具合作性的群体生活方式，但在这方面没有像我们所希望的走得那么远。尽管我们中的许多人都有开放型的关系，组内也有些人是情侣或在一段时间内交换或分享过情侣，但我们都没想过自己是多边恋。在此几年之后我才意识到并公开承认自己是多边恋。

我那时的主要情侣艾伦和我都对各种类型的三角关系充满好奇和兴趣，我们决定在我的小组或其他场合，只要有机会就尝试。艾伦介绍我认识了他的朋友达米安。达米安对泛宗教和唐卓修炼很有研究，我让他教我唐卓，他欣然同意。我第一次发现，我和我的某些情侣之间自然产生的能量是可以有意识地引发和疏导的。达米安也热衷于三角关系，很快我们三人之间即开始尝试三边的性交流，而且也很快发现我们不时地失误卡壳。我们三人都没有十分明确的界限概念和足够的性疗愈，所以尽管我们相对来说嫉妒心都不强，但因为没有能摆脱其他的社会影响，所以无法真正沟通结合。

在这段时间后期，我又遇到另一位男性，他和杰克一起，成了我现在的亲密网的一部分。但是我很早以前播下的种子还要有很多年才开花结果。经过很久耐心和经常是不耐心的等候，随着我个人关系的深化和我的关系网中不同部分的自然组合，我终于看到了，每当我的新的和老的朋友以及情侣们相会，带着对生活有可能交织在一起的理解和共识，彼此间的沟通就会奇迹般地发生。当然不是每个人都一见钟情（尽管也有），但所有的人都对我们共同踏上的旅程充满好奇和兴奋。

与此同时，由于我无法成功地建立传统式的婚姻，也由于我对现有家庭机制的受害者，被虐待的妇女和孩子们，无法提供比贴心理膏药更有效的帮助，我于是开始研究能够替代单偶制和小家庭的形式。幸运的是，我最初遇到的那一组人到这时在一起已十年以上，并且有一个以四人为核心的小组，还有两个人正在加入。在成为这个扩展式家庭成员的过程中我学到了很多，包括新模式关系的所有基本原则。他们对我非常关爱和支持，如果我的探索到此为止是很容易的事。但我似乎有一种需要，要走自己的路，所以我白手起家开始建立自己的网络。

以后几年中我遇到的许多亲密朋友中有一个叫理查德的，成为我重要的导师之一。遇到他时，我和几个不同的男性都有关系，他们每个人可焕发出我自身不同的方面，也可以说我的每一个沙克拉（能量中心）[2]有一个不同的情人。有生以来，我第一次在每一个层次都完全活跃。其结果是我吸引了一个可以在各个层面都适合我的人。

理查德已有二十多年的开放婚姻，认识后不久他告诉我，他在寻找第二夫人。我们在性、情感和智力方面都极其融合。他很有技巧，

---

2 Chakra

能使我感到非常特别，同时清楚地知道他的妻子和孩子对他来说是第一位的。我们都是专业的心理治疗师，所以对这个小群体中的细微互动关系十分清楚。我的位置和一般婚外情中的"另一个女人"很相似，只是他不对自己的妻子保密。

我们三个人有时在他们的家中聚会或一起出去。但他的妻子似乎不太有兴趣发展和我的关系。有一次她告诉我说，这些年中她已看到太多的人像我一样，来来去去，所以她不认为我会待的时间很长。的确，这是一个非常炽烈而动荡的关系，使我对开放式的结合学到了很多很多。但最终证明，这个关系是形成我自己的亲密网的障碍。

理查的和大卫都属于主导型或第一型男性。他们很成熟，能力很强，很知道自己的长处，所以会自然地充当领导者的角色。我喜欢和这类的男人在一起，但同时发现，我其他的情侣会感到有竞争和相形见绌。我一方面觉得有姐妹般的其他夫人的存在是一种福分，而且想进一步探讨自己的双性倾向，但同时也十分清楚，一个男人被一组女人分享的情况不适合我对性欲的胃口。

到这时我已单身生活近十年。一方面我很欣赏自己的亲密网络，另一方面感到一种饥渴，想有一个结合更深，能住在一起的第一位关系。我想象的是一个男女性别平衡的充满爱的，四到六个大人和几个孩子的大家庭（我第一次婚姻生的女儿这时已十几岁）。我决定从与一个男性结合开始，他也想有群体婚姻，对集体式生活有强烈兴趣，也许我们两个人可以成为较大团体的核心。我们的开放婚姻在六年中很成功，但一直没有超越两个人的组合。这个婚姻持续的时间较长，也比我过去单偶的婚姻质量要好，可惜的是我和我的情侣往往被十分不同的人吸引。所以尽管我们在很多重要的人生目标上看法一致，但要建立扩展式的家庭却不现实。

后来我认识到，不论我们想的和说的怎样，婚姻这一社会结构根深蒂固。我的意识程度简直无法摆脱被卷入老的支配型模式，即使单偶制不是问题。我终于醒悟到，多边恋不足以作为一个婚姻的基础。

几年前我结束这个婚姻时下决心不再重蹈覆辙，不再从任何形式的夫妻或双情侣关系中寻找归宿，因为它使我无法创建一个可行的扩展式家庭。可喜的是，许多在我实行开放式婚姻时已从我的生活中消失了的过去的情侣，仍对我很有感情并愿意恢复关系。但我如果要保持自己的亲密网络，还必须面对一个又一个情侣彼此之间的嫉妒心的挑战。

这些男士起初因为我是多边恋而对我有兴趣，但所谓"坠入情网"后则希望封闭式关系提供的安全感，至少是在他们的"新爱情"的初始阶段。我只好对他们说，如果你想要单偶的承诺，最好去找别人。我完全知道他们本身已有太多不好的连续单偶的经历。我也太了解自己了，十分清楚地知道，如果因为恐惧心理而选择单偶和要求安全感，我们的关系肯定不会长久。也许他们不明白，但我知道，但我知道，情侣之间的纠结只会使扩展式大家庭的建立拖得更长，更艰难，我不想再朝那个方向步入歧途。

处于这种斗争之间的任何一方都不好受。事实上，我们都有包容性和排他性欲望的冲突，但由于不同意单偶制而走极端时，我们会发现自己在因某种纯粹的理念而曲解情感的复杂化。我意识到我的名声会使人们认为我是僵化的多边恋者，所以特别注意对单偶制保持开放的态度。我还没有遇到一个人在各方面都完全使我满足，而且我怀疑这样的人是否存在。这不是我对某个人的评论或看法，而是在说我是一个多面体的人，不同人的不同品性对我有不同的吸引力。我的心扉越敞开越感到对更多人的爱。如果某一天我决定选择单偶制，我会这样做，但不会是因为别人坚持要这样。

那么为什么我总是被最终要求单偶的人所吸引呢？我不清楚。但是我知道我必须弄明白，因为这整个的过程太痛苦，以致剥夺了多边恋的乐趣。我开始给自己提一些很难回答的问题：是否是我自己内心中深藏着一个愿望，即想找一个能解决我的所有问题，能永远关照我的白马王子，而这个愿望在不自觉地发出错误的交友信息？在我的一个讲习班上，我发誓释放这个情结。是否因为我交往的情侣太多，需要某种外界的制约来集中精力？我决定更多地注意自己生活中的主次轻重。我是否在面对一个顽固的文化模式，它不会因被挑战而自行消失？如果真是这样，我自己都无法摆脱上千年的社会影响和禁锢，怎么能企望别人做到呢？这时如果没有我的亲密网和我多年建立起来的更大的多边恋团体的支持，我相信自己肯定就此止步了。但是我意识到，我需要再一次地放手，让这个过程顺其自然发展。

于是我又开始了一轮与老的亲密情侣的进一步深交，并欢迎可爱的新人不断加入扩展延伸着的大家庭。我不断祈祷，力量、智慧、幽默和明晰，在爱的空间中永驻，这是我全部生命的意义所在。

参考模式

我们还没有足够的人数能提供确切的信息，多数人是如何建立扩展式家庭的，但有可供参考的模式。以下我仅列举一些建议，不是固定的意见。

二加二等于三　三个或三个以上的单身很少能总是同时有情感连接。而且一个单身的人往往不太愿意在一对情侣中加三儿。所以许多我们知道的稳固的三人行，像前面提到的例子，都是两对情侣走到一起后，其中的一对分离而形成的。

十二除以二等于二　另一种常见的现象是，一个亲密网由许多单身和情侣对混合而成，结果单身成对，而某些情侣对解体。我们还不知道任何亲密网最终转化成了扩展式家庭，但交换情侣是常见的结果。

三加一等于三　三人行很难变成四人行。尤其是在三人行中添了一个孩子。不是说你不能试，只是说做起来很艰难，特别如果谁是孩子的亲生父亲的问题没有得到解决。

上了床但出了情感圈　有可能成为亲密网或扩展式的人一起跳上床，听起来像是一种开始的好办法，但其实不是，特别如果你感兴趣的是长久的关系。原因是，在一群人当中某些关系会比其他发展的要快。所以如果能等到大家都准备好了再向前走，比较容易保持平衡。

没上床也出了情感圈　对有性关系过于谨慎和犹豫不决，也有可能犯错误，而扼杀亲密感的自然流通。这种禁欲或性冷淡的气氛一旦形成很难逆转。

纸上谈兵　在一些圈子中，一种寻求伴侣的流行做法，是成员之间相互比较参考社会契约或寻侣标准。有共同的价值观和生活方式固然重要，但现实是，我们中的多数人对自己其实是什么样的人，自己想要什么和需要什么，并不是太清楚，尤其是在负责任的非单偶制这一陌生的领域中。这也就是为什么许多情侣的相配只在纸上合适，人到一起则不行。实际找到的人和自己所想要找的人完全相反的情况时有发生。

如果 A=B 且 A=C，　B 并不一定等于 C　这又是现实生活拒绝符合理论的一个例子。我们总希望我们所爱的人能彼此相爱，但他们往往不这样。你可以希望有奇迹的发生，但不能指望你所有的情侣对其他情侣的看法和你一样。

同性之间的关系至关重要　不管你是同性恋，异性恋，双性恋，还是不清楚，你都需要知道，扩展式家庭的质量将取决于同性关联的情况。这种关联只要存在则可能有许多表现形式。如果对同性恋的恐惧是一个没有接触到和解决了的问题，你对扩展式家庭做的最大努力都可能被破坏。即使没有对同性恋的恐惧，同性关系也是一个非常微妙的领域，需要特别关照和培育。

享受过程

如前所述，建立多情侣的家庭或稳固的亲密网是相当复杂的工程。我遇到过不止几个人，他们在这方面饱经沧桑，为创建可持久的扩展式家庭做了数十年的努力，并因其失败而心灰意冷。我自己对此前景也不总是乐观，尤其是当某一个充满希望的关系没有像我所希望的那样发展，而且看上去其过错似乎可归结于多边恋。促使我继续下去的理由是：

首先，我发现这个过程本身是给我激励和使我成长的源泉，而且永远充满惊奇。对我来说，知道自己是在尊重爱心的开放和爱情能量的自由流动，这种欢愉是我存在的核心，即使有时带来的结果不是我所想的。只要忠实于我的价值观和真实的感觉，一切都是值得的。

给我力量的另一个来源是我认识到，我所面临的不是单纯的个人问题。多伴侣家庭在我们的文化中绝无仅有，而且到目前为止还没有支持这种结合的社会结构。多数多边恋者因害怕被疏离或更糟的境遇而尚未出柜，这更增加了我们的困难。反对分享性伴侣的数千年的传统，加之人们对情感问题的普遍不熟悉，以及许多其他问题，很显然我们面临的障碍非属一般。但是在旧的社会人际关系模式问题百出的时候，多边恋对编织一种新的前景充满潜力。

现在几乎没有一天我看不到小小的但可见的证据，显示我所帮助实现的，使多伴侣家庭成为一种合法选择的努力，在产生某种影响。事实上到今天，情况已经发展到，我知道不论我在做什么，还有其他的人在努力使这个圈子不断扩大。这些小小的胜利也许不会使我直接受益，但最终我们所有的人都会得到这些胜利之果的福祉。

第十章

有关多边恋的神话、原始模型和人类进化

> "我们看到，大自然将活着的人体中的分子和细胞组合，以造就独立的个体。同一个大自然顽强地在更高的层次做着同样的工作，将社会机体中的个人组合，并已获得巨大的精神效果"。

> —— 皮埃尔·沙丹《人的未来》[1]

我们的文化如此强调单偶制是人们结合的唯一自然方式，以致我们很容易忽略去注意这样的证据，即世界各地的人以及人类的历史并没有这种偏见。

对偶制[2]也许是性繁殖的最佳方式，但是对哺乳类动物繁殖模式的现代研究，以及近代生育技术的发展，都对这一点提出了质疑，因为单身女性或不育夫妇可通过人工授精而生育。当家庭生活的目标发生变化，从仅仅生育后代的基本功能转向满足高度进化的人多方面的心理和精神需要时，对偶制的优越性即很快消失。

一对情意绵绵的恋人紧紧拥抱在一起的形象，显得特别而浪漫。我们心中有强烈的渴求与一个知

---

1 Chardin, Pierre T.D. 1964.*The Future of Man*. San Francisco: Harper & Row/William Collins & Son
2 Couple or dyad

己者结合。但我们的心灵深处还有一种变幻无常的渴求，渴望精神伴侣们组成紧密的家庭。我们也渴望三角关系的平衡，使人类永恒的三角关系不一定总是悲剧的蓝图。对偶关系也不总是像罗密欧与朱丽叶那样成为悲惨命运的象征。四边形结构亦有其特殊之处，四大要素，四个方向的完整，有两个二组成的四。在自然界中，任何数目都有其特定的功能，各种体积的组合分化都有其独特的性质和在整体中独特的地位。

将婚姻局限于两个人，有可能对只有在多样化和复杂化的基础上才能繁荣的脆弱的人文生态体系，造成不可弥补的损害。相反，多样化关系的不同之处可使每个人找到适合自己独特需要和欲望的方式。多样化是自然界的明显标志。在化学中，元素是根据数目和形式的结合来分类的。多边恋的碳分子在单纯性对偶结合的世界中无法立足。

三合一体系

我们的文化将两个异性配偶作为完美爱情与婚姻的形象，但在宇宙范围中，其实"三"这个数字才神秘地具有更普遍的基础。二是两元世界观的核心，而三是具有合成意义的数字。是"三"的结构使我们的世界得以和谐运转。

每个原子中都有质子即正极，电子即负极，和中子即为合成力。音乐中，三个音符的和弦比两个音符的和弦更强有力。罗伯特·阿萨基欧利博士[3]将西方的心理分析与埃里斯·贝利的玄学理论[4]相结合，创立了综合心理学[5]，强调以三角为基本单位[6]。发明了最短线拱形

---

3 Dr. Roberto Assagioli
4 Metaphysical teachings of Alice Bailey
5 Psychosynthesis
6 Assagioli, Roberto. 1974. *The Art of Will.* Baltimore, MD: Penguin

结构的设计天才巴克敏斯特·弗勒，也是集中在三角形上[7]。他认为三角形是宇宙中唯一可自我稳定的永恒结构，因此应是所有结构体系的基础。

也许三合一的至高性最引人注目的例子，是作为我们文化偶像的神圣三位一体：圣父，圣子，圣灵。而且我认为，最初的神圣三位一体显然不只是父亲和孩子，一定还有圣母。用无性的圣灵取代女性原则，是男权制的犹太基督教，有系统地更改先存文化而强加于我们的，并且在继续塑造现今社会中新的神话。

从男性作为父亲和积极参与抚育后代的作用来说，人类面对的是一个三合一的基本家庭结构。婴儿不仅与母亲而且也与父亲有情感交往。我们每个人都至少给两个，而不只是一个有重要意义的他人打上深深的烙印。这一最初的养育关系的本质对所有后来发生的关系有极大的影响。

这种早期模式也许可以解释，为什么像莫雷·伯文博士这样的家庭体系先驱学者发现，基本的情感分子是三角制[8]。任何情感体系都可以被最好地理解为是一系列交叉的三角。这是因为两人的体系有其先天内在的不稳定性。当两个人是由一种结合连接在一起时，这唯一的连接必须承受两方之间的张力。连接一旦崩断，关系则破裂。在三个人的关系中，有三种联结。所以三人行的稳定性有三倍的潜力。一个连接的断裂不至于完全毁掉整个体系，可以有时间来修补或重新谈判。如果三种连接力具有同等的力度和灵活性，每一个连接承受压力的三分之一，这样负荷是分担的，而使整体关系更稳定。这也是为什么三角形是工程结构设计的基础。在小家庭中，一个孩子往往被夹在父母之中，被迫承担平衡两方能量的任务。由另一个成人来起这种作用则要合适得多。

---

7 Fuller, Buckminster. 1975. *Synergy.* New York: Macmillan
8 Bowen, Murray. 1982. *Family Therapy in Clinical Practice.* New York: Jason Aronson

我们的文化中对三角爱情关系的描绘一般都是争斗、嫉妒、背叛。这种观点无疑是渊源于希腊和罗马神话，在这些神话中不道德的男神女神们总是在欺骗他们的情侣，策划可怕的报复阴谋。这种现象的另一个例子是弗洛伊德对俄狄浦斯[9]神话的解释，神话中的主人公杀父娶母。他把这个神话作为对所有不正常心理和性行为解释的基础。依照弗洛伊德的说法，每个孩子都秘密地想独占其异性的父亲或母亲，力图用嫉妒来消灭与自己同性的双亲之一的竞争，即去掉三角中的一边[10]。

但是许多不同来源的秘传著作，都强调第三方力量的平衡作用[11]。如果没有第三方力的综合平衡，我们会摇摆于两个不可调和的极端之间。比如，我们有兴奋状态的一面，也有与其相反的忧郁的一面。这两者的合成或平衡是第三种状态，我们称之为安静、平和。在许多传统文化中，永久三角的原始模型均与女性相关。倒三角形是女性阴部的普遍标志。在印度教和佛教神话中，快乐幸福的三人行是常见的故事。显然，爱情三角关系的普遍原型并不是固有的嫉妒争斗。是我们自己要决定，在生活中选择和创造什么样的神话概念，使我们能够治愈而不是彼此伤害。

秘欢

有治愈力的神话的一个例子是关于秘欢[12]的传说，这是中国古代对夫妻之外的性行为使用的术语[13]。这种行为在整个亚洲被视为是合法的方式，刺激男女双方产生强有力的甚至是神奇的性能量。多伙伴的性交也被认为可促进参与者的健康使之长寿。

---

9 Oedipus
10 Freud, Sigmund. 1963. *General Psychological Theory.* New York: Collier Books
11 Bennett, John G. 1975. *Sex.* Sherbourne UK: Coombe Springs Press
12 The Secret Dalliance
13 Douglas, Nik and Slinger, Penny. 1979. *Sexual Secrets.* New York: Destiny Books

有关秘欢的性知识和技巧，被严密地局限在宫廷中，以确保统治者对平民百姓的控制。和第一个女人在一起即射精的男人，无法满足其他的女人，所以在像中国这样有三个到一打姨太太的相当多的富裕家庭中，这种技巧变得十分必要。

　　在印度，唐卓式的"三人行"被认为可以释放比两人在一起更强有力因而也可能更危险的能量。所以有教义传授特殊技巧如何疏导这种高压能量，并且警告，在排除嫉妒心和自我为中心之前，不宜进行尝试。这些知识和技巧只是掌握在高僧和贵族范围中，特别不让较低阶层的人接触。也许正是这种三角关系不适合大众化的说法，在某种程度上解释了，为什么在现代民主化的西方社会中，这类关系仍被视为如此不可接受。

　　流传下来的道家和唐卓的文本，都注重一个男人和两个或更多的女人做爱的技巧，这很可能是反映了男权主义对早期以女神为中心的文化的强加。在女神中心文化中，男人和女人都可以享受多情侣性交。例如，墨林·斯通在《当上帝是女人时》一书中提到，约公元2300年前的碑文描述，古苏摩（现伊朗南部）被称为乌如卡基纳国的改革 [14]，"女人过去可以有两个丈夫"，但是如果她们现在这样做，则会被乱石打死 [15]。

　　也有证据显示，在喜马拉雅山脚下某地一直实行的是一妻多夫制 [16]。印度的伟大史诗著作《马哈巴拉达》[17]提到女皇坤蒂和她的许多丈夫，而且书中英雄的五兄弟都嫁给同一个女人。甚至现在仍有报道，在西藏和斯里兰卡的某些地方，女人有一个以上的丈夫。

---

14 Sumer 和 Urukagina

15 Stone, Merlin. 1976. *When God Was a Woman*。New York: Harcourt, Brace, Jovanovich

16 Polyandry

17 Mahabharata

多边恋的原始模型

世界各地多神论的文化，包括美国土著人、非洲和凯尔特族文化 [18]，都尊崇性爱的力量，而不像现代犹太基督教那样执迷于单偶制。探讨这些传统和文化超出了本书的范畴，但简单提及某些具体事例，有助于了解其他文化对多边恋的十分不同的看法。

比如，美国印第安人大师哈里•快脚鹿 [19] 形容，性爱的才能是一种类似于音乐或体育能力的特别天赋，它可被选择作为对个人的赠予或对社会的贡献。这种情爱模式，完全不同于我们文化中的女性病态的慕男狂 [20] 或男人不负责任的玩弄女性。美国土著人的治疗大师还倡导大量使用性爱能量进行疗愈。另一个类似的模型是西藏神话中的"天行女人" [21]。她是不属于任何人的自由灵魂，但她有能力用其生命能量使与她亲近的人恢复元气得到新生。

在西方，多边恋最普遍的原始模型是希腊爱与美的女神阿芙罗狄蒂 [22]，罗马人称她为维纳斯。再早的时候她还有名字叫伊纳那，阿施塔特，伊施塔，或伊丝丝。印度教称她为帕瓦蒂 [23]。

荣格派分析家让•施诺达•伯伦 [24] 称阿芙罗狄蒂为炼丹女神，因为在希腊众多的男神和女神中，只有她具有转化的能力。其独特之处还在于，她比希腊神话中的任何女神情人都多。但她不是受害者，而且从来没有像其他多数女神那样因众多的情感关系而受过苦。她不嫉妒，也没有占有欲，不像其他女神，她可以自由选择丈夫和众多的情侣。

阿芙罗狄蒂激发了诗歌，交流沟通和创造力，也激发了爱。在二

---

18 Celtic
19 Harley Swiftdeer
20 The driven nymphomaniac
21 Sky Walking Women
22 Aphrodite
23 Inanna, Astarte, Ishtar, Isis 和 Parvati
24 Jungian analyst Jean Shinoda Bolen

十世纪类似这一模型的女人是现代舞的创始人伊萨多拉·邓肯[25]。

阿芙罗狄蒂与掌管沟通之神，罗马人称其为水星的赫耳墨斯[26]的关系，产生了双性的赫马佛尔代堤斯[27]。她与罗马人称之为火星的战神阿瑞斯[28]的关系，造就了一个女儿哈莫尼尔[29]。这样，爱与战争的结合产生了和谐[30]，与哈莫尼尔谐音。

进化论的视角

对史前人性交习惯的推测和对现代非人类灵长目动物的性习惯的观察，常常被引证来说明现代人们的性交行为。

我们注意到，有趣的是，多数学者不费心去问雄性是否更喜欢或乐于接受多个性伙伴，就假设雄性自然十分乐意地与它能接触到的尽可能多的雌性发生关系。而他们往往总是要问，雌性是否会愿意接受一个以上的雄性，有时还会问雌性是否愿意和其他雄性分享她。

尽管一些受文化制约的社会生物学者，已经发表了许多可被质疑的解释和杜撰，将单偶制说成是进化的必然，仍有大量证据表明，早期的人类实行的不是单偶制。

著名进化论生物学家琳·马格丽丝指出[31]，人类男性勃起的阴茎是大猩猩[32]的五倍，人的睾丸也比大猩猩和棕猩猩[33]的大得多。在类人猿中只有黑猩猩[34]的睾丸比人的大。这是为什么？很可能是因

---

25 Isadora Duncan
26 Hermes
27 Hermaphroditus
28 Ares
29 Harmonia
30 Harmony
31 Lynn. Sagan, Dorion. and Dance, Mystery. 1991. *On the Evolution of Human Sexuality.* New York: Summit Books
32 Gorilla
33 Orangutan
34 Chimpanzee

"精子竞争"而发生的适应性进化。精子竞争在两个或更多的雄性，在几天的时间里与同一雌性性交才会发生。阴茎最长，时间最适宜和进入最深的射精，使雌性受孕的可能性最大。其结果是，能有较大阴茎和睾丸的基因更有可能被遗传。

这一理论，在睾丸与体重比例最高的猴子和类人猿中得到证实，它们中的雌性常常与许多雄性交配。以睾丸与体重比例最高的黑猩猩为例，往往是有血缘关系的一群黑猩猩在一起猎食，它们在性上乐于分享一个雌性而不是排他性地占有。发情时的雌猩猩会鼓励她们所能找到的尽可能多的雄性与其交配。这可以被看成是早期形式的群婚先兆，即一群有血缘关系的雄性与一群有血缘关系的雌性相交。

马格丽丝举了这样一个发现来说明人类中精子竞争的存在。即当男人知道或怀疑其性伴侣未守单偶时，反而比相信他们的配偶没有其他情人时排出的精液和精子更多。她的结论是，嫉妒是一种性激发剂。

但是嫉妒也可以刺激其他性行为，称为"精子竞争回避"。大猩猩勃起的阴茎尽管只有一英寸长而且睾丸很小，但它巨大的身躯使它不需要很大的阴茎即占有进化的优势。主导型雄性，只需要不让其他雄性接近它的领地中可受孕的雌性。这种模式在雄性比雌性体大而强壮很多的物种中比较常见。这也许可以说是早期圣经中的男性牧主，和当今阿拉伯世界中族长实行一夫多妻的雏形。

棕猩猩的阴茎相对也较小，它们的行为被解释为"回避替代"，即交配的一对棕猩猩躲在丛林中与其它的同类隔绝。因为没有对手，精子竞争自然也就不存在。我们可以把这种特性嗜好在不过于夸张的情况下比作是我们的蜜月传统和封闭式小家庭的雏形。

人类学罗伯特·史密斯推测[35]，实行回避替代或精子竞争回避的单偶制的现代人类，比起生殖器较大的实行精子竞争和乱交的早期

---

35 Robert Smith

直立人也许是更好的斗士。其结果，较有合作性的早期人直立人，因无法保护其雌性不受嫉妒和凶暴的后来人的控制而逐渐消失。

另一种有关非单偶进化行为的解释，可以在人类学家塞拉·布拉佛·赫蒂的著作中看到[36]。她指出，在一个雌性与诸多不同雄性交偶的灵长目动物中，这一群体中的所有雄性对此雌性及其幼子均加以保护。而在领地占有类型的群体中，一个雄性会将雌性与其它雄性产下的正在哺乳的幼子杀死。由此可以推论，雄性和雌性在进化上有不同的目标。雌性的目标是通过取得最多的雄性的保护以保证其所有的幼子存活；雄性的目标是只保护那些它确知是自己的基因产生的幼子，而消灭所有其他。我们称此为"产后精子竞争回避"，可被视为种族灭绝行为的前导起源。

波努波方式

多边恋最强的生物证据也许是来自于对倭黑猩猩波努波猿[37]的观察。波努波猿也被称为小黑猩猩，只在中非扎伊尔境内很小的一个区域中生活。1970s年代以前，人们对它们在野外生活的行为情况一无所知。最初人们将它们与一般的黑猩猩混同。后来才发现，和黑猩猩们不同，波努波猿常常是面对面地交媾，而且雌性波努波猿在整个排卵周期内对性都乐于接受[38]。观察者们一致注意到，波努波猿喜好与诸多性伙伴分享乐趣，而且不只是为了生育的目的。其实它们的性玩耍在同性与异性之间都很普遍，并且往往是用来强化群体关联和缓解可能的冲突的手段。

雄性波努波猿在有攻击性的相遇后可通过性接触来和解，雌性则用性来促进社交关系或释放紧张情绪。雌性波努波猿之间还通过

36 Hrdy, Sarah Blaffer. 1988. In *The Primate Origins of Human Sexuality" in The Evolution of Sex.* San Francisco: Harper & Row.

37 Bonobo

38 Small, Meredith. "What's Love Got to Do with It?" *Discover.* June 1992.

性的分享建立强有力的联盟，学者们认为这可被解释为，是波努波猿雄性与雌性之间保持平和与平等关系的战略。与其他灵长类动物如猩猩和狒狒不同的是，波努波猿的雌性不惧怕雄性，而且是生活在雌雄混合的群体中。尽管雄性波努波猿比雌性身体上更大更强壮，但它们对雌性在性或其他方面都不支配控制。

以上关于灵长类交媾模式的讨论，不应被解释为是支持所谓人类的性行为是被基因确定的动物本性延伸的观点。但以上的简述显然证明，关于单偶是唯一"自然"关联方式的论点，在对灵长目的性行为研究中找不到什么根据。相反，人类基因与波努波猿比任何其他动物都更接近，而波努波猿是快乐的多边恋者。

多边恋与其他谬误

超个人心理学家肯•韦伯提醒我们注意[39]，在看待人类意识进化时我们常犯的一个错误，是将尚未显示差别的意识，如原始人、幼儿和精神病患者，混同于如先知或圣人的超常的融合性意识。换言之，我们会因表面的相似，错误地将未发展的与高度发展的状态等同。

在看待灵长目和早期人类的交媾行为时，也容易犯同样的错误。进化往往是螺旋式的，重复一种循环模式，不断将我们带回同一位置，但在更高的层次。因此，史前时期的群婚与 21 世纪的群婚可能表面类似，因同样有众多的伴侣，但其关系的实质却大大不同。同样，把多边恋想成是由男性控制的妻妾成群，与现今男女自愿选择的多情侣关系也毫无共同之处。就像被强加的单偶制与有意识地选择自己一生只要一个情侣有根本的不同。

多边恋不是返回原始的性交模式，宇宙意识也不是精神分裂似的退化。反之，多边恋是一种更前卫的关系形式，是已经掌握了亲密

---

39 Wilber, Ken. 1980. *The Atman Project.* Wheaton, IL: Theosophical Publishing House.

交往基本功的男性和女性，乐于超越隔绝性的、而且也许是过时的两者的局限，而再向前进化。

下一步

性群体的理念为家庭的下一步进化提供了一个良好的模式。生物学者们发现，某些物种对环境威胁的反应，是组成高度相互依存的群体以求生存。性群体或关联群体，可以在某种对隔绝的个体或性配偶会致命的情况下繁荣兴盛。群体的合能可增强某些基本功能的效益，如营养物的吸取与扩散和能动性的协调。对人来说，性群体或多成人家庭，可提高我们分享食物、住所和信息等基本资源的能力，以利于创造有价值的产品和服务。

芭芭拉的爱情之歌

当我与一个新情人相爱
又不失去老情人的爱
啊....这种感觉真好
我们都可以这样

当我的一个情人
又一次坠入情网
我感到如此温暖
这个圈子越来越大
里面的爱越来越多

我在其中学习成长
而不是争斗束缚和占有

我们彼此扶携
共同展翅高飞

我的身心深深感到
温暖强壮有力
我的孩子们、情侣们和我自己
与鲜花、大地、树木走在一起

我的朋友们伸出手去，
伸出，伸出，
很快波及全社会
整个世界充满爱
是我的目光所在

今天我来到海边
爱的波涛冲击着我
天地越来越大
从沙滩到晴空

关爱，分享，成长，体贴
你不知道吗
这可以拯救我们的世界

让我们从现在开始
我们可以把握，
我们知道怎样做
关爱，分享，成长，体贴
这可以拯救整个世界！

第十一章　多边恋如何可使所有人都受益

> "如果 W. H. 奥敦所说的是对的，即'规律是，只有痛恨乐趣的人才会变得不正义'，那么只有庆贺和滋育爱的文明可以引导人类进入产生正义的新纪元。"
>
> —— 马修·福克斯　《真正的祝福》[1]

　　多边恋远远不只是那些不能或不愿意将自己局限于一个情侣的人们的一种替代选择。如前所述，多边恋不是因内心的软弱怯懦，更不是那些没有勇气甚至对一个情侣作出完全承诺的人的一个"容易出路"。但是如果你觉得同时爱不止一个人对你是正确的选择，而且你情愿接受做出这种选择的责任，那么你有权知道，可能与人们告诉你的相反，多边恋不仅对你有好处，而且对整个世界都有好处！以下是你为什么应该对自己是多边恋而感到骄傲。

　　首先，选择多边恋意味着你在表达自己想成为更进化的人的一种愿望。许多在六十年代受到罗伯特·海因莱的《陌生人在陌生地》，或罗伯特·瑞莫所著的《哈拉德试验》一书鼓舞的人们，以为创

---

1 Fox, Matthew.1983. *Original Blessing*. Santa Fe, NM: Bear & Co.

造一种多情侣关系很容易。但是二十多年鲁莽冒失的开端和令人痛苦的发现使他们明白，实行多边恋是要付出代价的。事实是，人类具有若干矛盾的冲动，一方面被非排他的爱的方向吸引，同时又被推向嫉妒和占有欲。这相反的互动力必需调和，我们才可能自由地去爱。

选择多情侣关系，等于把自己放在旋风的中心，在那里你有无数的机会面对这样相反的互动力。毫无疑问你会有很多过失。但是如果你能从中学习，你会发现自己在相对很短的时间里得到了价值几生的经历和体验。

一旦越过最初的挣扎，你的个人进化发展应该会很快。好的亲密关系是达到较高意识和更多自我了解的最佳途径，这在很大程度是因为从自己的所爱者身上得到的宝贵的反馈，或者说是镜子效果。同时不只有一个情侣，不仅可以增加反馈量，而且使你很难将情感关系中产生的问题归罪于别人。换言之，多个情侣实际上有助于你成为更具自觉意识的人。

因为多情侣关系本身就比单偶关系复杂和具挑战性，而且是你有意识地选择了探讨我们文化规范之外的领域，这样你会发现你的人生旅途会给你一些非常宝贵的教诲。仅举几例，诸如如何爱你自己，如何宽容多样化，如何从内心出发清楚地沟通，如何相信自己内在的正确感觉，独立思考，而不是盲目地顺从外界观点等。这些品质是在情感和精神上成熟的人的标志。这种人会对其社区有贡献，会促使我们充满危机的世界在下一世纪中的转化。

其次，多边恋有助于创造稳定和抚育性的家庭，使孩子们在安全和爱的环境中成长。随着现代小家庭的逐渐消失，我们面临一个至关重要的问题：谁来照顾孩子们？双职工和单亲家庭都无法给孩子全天的关爱，高质量的托儿所幼儿园既少又贵。即使是最好的由某些机构提供的全天管理照顾，包括学校，也不能完全满足孩子们要实现自己的潜力所需要的个性化的关注、亲密、灵活性和独处的机会。哪怕是最好的小家庭也容易造成不健康的过度依赖关系，这在很大程度上助长了家庭暴力和青少年反叛等社会问题。现实情况是，连续性的单偶制使孩子和家长们都更多而不是更少地面临家庭生活被中断的压力，因而使整个一代人承担风险。

许多人以为非单偶制对孩子有害。但在负责任的非单偶制中，没有比这与事实的差距更大。多成人的扩展式家庭和有承诺的亲密网，使更多有爱心的成人，能更好地满足孩子们在物质、智力和感情上的需要。也就是说，孩子们没有失去亲生父母的关注，而是有了新的叔叔、姑姑、阿姨和继父母。同时由于大人们分担家长的责任，可以减少压力和疲劳，而又不失去任何家庭生活的乐趣。在一组混合的男性和女性中，很可能有一两个人愿意并且能够呆在家里照顾家，或者每星期轮流在家一两天。如果一个家长去世或残废了，其他家庭成员可以弥补空隙。在群体环境中，孩子们会有更多的榜样，更多玩的伙伴，更多的爱。

有些政治组织宣称关注保护孩子和家庭，但他们支持的政策其实是损害孩子和父母的利益。他们真正的目的是要强迫妇女回到传统的性角色中去，回到一个从未存在过的理想的过去。多边恋通过扩大家庭的范围，为重新振兴家庭提出了新的希望。我们不能回到旧日的部落和亲密的家族大家庭中去，但我们可以往前走，创建意向家庭，其成员下决心要培养教育健康的孩子们。

第三，多边恋者有生态负责感。有性爱关系的情侣们，比一般朋友或邻居会更自然地分享住房、交通工具、日用电器和其他资源。即使情侣们不住在一起，也经常一起吃饭，互相帮助家里必要的维修，并常常一起度假。这种合作可提高生活质量而又不增加个体的物质消耗。多情侣并可通过创造团体和社区，使被破坏的人文生态得以恢复。

多边恋可以有力地激发人们在一个地区重新安定下来生根。不仅是个人会不愿意离开一个宝贵的扩展式家庭或亲密网的支持，而且数个能挣钱的人可以提供经济上的缓冲，使家庭成员不必因更换雇主而必须搬迁。

第四，多边恋可以帮助我们适应日益复杂和迅速变化的世界。你是否注意到了，生活的节奏似乎一年比一年快？你是否感到被淹没在难以消化的信息和难以评估的选择之中？你是否看到新的科技几乎在你能够使用之前就已经过时了？是的，未来就是这样，只靠一个人或一对夫妇来应对压力很大，如果不是几乎不可能。但是一个互相关爱和协调很好的一组人，可对一两个人无法承担的任务进行分担。多情侣关系是预防未来震撼的良药。

第五，多边恋可以帮助男性和女性破除不协调的性角色，建立更平等，更具性满足和更相互尊重的关系。我们中的多数人，已不自觉地接受了我们的文化所灌输的男女或夫妇适合的行为举止的概念。我们今天所知道的婚姻，是建立在圣经时期男人对女人拥有的模式基础之上。据文化史学家瑞·坦纳希尔[2]引证，在整个古近东，一个自由的女人不比一个奴隶的处境好。她可以因偷情而遭乱石砸死，而男人们只要有钱养得起，取多少妻妾都可以。

我们也许以为现代社会已将这种残酷的陋习摒弃，但是不要忘记，在美国妇女有选举权还不到一百年；在发达国家和第三世界国家中，大多数财富仍控制在男性手中；直到1974年医学界才停止否认女性主要性满足的中心之一G点的存在；而且1970年以前人工流产在美国是非法的。

多边恋促使男女双方正视早期社会文化对我们造成的性角色概念的影响，并决心超越它。这要求男女双方都要克服竞争心态，创造相互结合的新方式，因为我们不能再依赖重复父母走过的路。这也要求鼓励同性成人之间的关联结合，以更广泛和灵活的方式满足我们对性的需求。

最后，多边恋有助于创建一个全人类将自己视为一家的和平富

---

2 Reay Tannahill

足的世界。理想主义吗？是的。现实吗？现实！排他的单偶性文化将嫉妒和占有奉为神灵，不是努力去排除嫉妒和占有，以使人们能自由选择与谁有性关系。我们现在的所谓文明趋于建立人为的文化和道德壁垒，排斥合理的替代。这无异于在一对夫妇或小家庭外画一个圈，并声明，"在这个圈子里面我们相爱和无私地互相照顾，但要阻止圈外的任何人夺取属于我们圈内的任何东西"。这样做的结果是在推动一种体制，把人为的界限置于自然的亲近之上。

鉴于家庭是文化的基本单位，家庭的性质对整个社会的意义至关重大。多边恋突破了控制型的文化结构，也打破了将人作为财产的人与人之间的拥有制，取而代之的是一个充满无条件的爱、信任和尊重的家庭环境，并以此为途径创建一个更公正和平的世界。通过改变家庭的结构和家庭中的情感情关系，也可以改变在这种家庭中成长起来的孩子们的性格。孩子们通过效仿榜样来学习。我们不能用嫉妒的防卫和暗暗控制自己最珍贵的拥有物 – 配偶，来教育我们的孩子去分享和彼此相爱。通过使家庭的范围更灵活和对外界更开放，我们展现着一种新的世界观，即归根结底全人类是一家人。

参考文献

2021

《爱与自由：超越单偶制和多边恋（不同的性取向、性别和人际关系）》

Ferrer, Jorge. 2021. *Love and Freedom: Transcending Monogamy and Polyamory (Diverse Sexualities, Genders, and Relationships)*. Maryland: Rowman & Littlefield Publishers.

"认同性非单偶制关系中的同喜心：以实证为基础的理论研究"

Thouin, Marie. 2021. *Compersion in Consensually Non monogamous Relationships: A Grounded Theory Investigation*. www.whatiscompersion.com.

2020

《多边恋：为咨询师及其客户的实用工具箱》

Kauppi, Matha. 2020. *Polyamory: A Clinical Toolkit for Therapists (and Their Clients)*. Maryland: Rowman & Littlefield Publishers.

《生命的必需：关于奉献、癌症和丰厚的爱》（自传）

Leontiades, Louisa. 2020. *Necessary to Life: A Memoir of Devotion, Cancer, and Abundant Love*. Portland, OR: Thorntree Press, LLC.

《开放关系中的幸福生活：健康满意的非单偶爱情生活基本指南》

Wenel, Suan. 2020. *A Happy Life in An Open Relationship: The Essential Guide to a Healthy and Fulfilling Non-Monogamous Love Life*. San Francisco: Chronicle Books, LLC.

《敞开心扉：我在多边恋、开放婚姻和依我的条件去爱的奇遇经历》

X, Gracie. 2020. *Wide Open: My Adventures in Polyamory, Open Marriage and Loving on My Own Terms*. Old Saybrook, CT. Tantor Media.

2019

《这颗心包容多多的爱》（多二代自传）

Creation, Koe. 2019. *This Heart Holds Many: My Life as the Nonbinary*

Millennial Child of a Polyamorous Family. Portland, OR: Thorntree Press, LLC.

《让我们来谈谈.非单偶制：探索开放关系的情侣的起始问题和对话》

James, J.R. 2019. *Let's Talk About… Non-Monogamy: Questions and Conversation Starters for Couples Exploring Open Relationships*. Kindle eBooks.

《男同性恋者应对开放和非单偶制关系指南》

Kimmal, Michael D. 2019. *The Gay Man's Guide to Open and Monogamous Marriage*. Maryland: Rowman & Littlefield Publishers.

《开放的爱情：开放关系、多边恋及其他全面指南》

Neustadter, Axel. 2019. *Open Love: The Complete Guide to Open Relationships, Polyamory, and More*. Instagram: Bruno Gmuender

《多边恋、单偶制和美国梦：我们的多边恋生活和文化产生的不平等》

Schippers, Mimi. 2019. *Polyamory, Monogamy, and American Dreams: The Stories We about Poly Lives and the Cultural Production of Inequality*. Kindle eBook.

《封闭世界中的开放思维：在替代性关系中生存和发展》

Spencer, Chad and Fernandes, Melanie. 2019. *Open Thinking in a Closed World: Surviving and Thriving in Alternative Relationships*. Kindle eBook.

《应对困难的情侣的情侣：为希望与其伴侣的伴侣更好地相处的人提供的故障排除指南》

Turner, Page. 2019. *Dealing with Difficult Metamours: a troubleshooting guide for those who want to get along better with their partner's other partner(s)*. Kindle eBook.

《多边恋关系指南》

Williams, Dan. 2019. *The Polyamory Toolkit: A Guidebook for Polyamorous Relationships*. Kindle eBook.

2018

《与陌生人同床共枕：换偶中的自我发现之路》

Donatello, Casey. 2018. *In Bed with Strangers: Swinging My Way to*

Self-Discovery. Jefferson NC: Exposit Books

"同喜心：超越多边恋中的嫉妒心"
Hypatia. 2018. *Compersion: Polyamory Beyond Jealousy.*

《许多的爱：多边恋和找到的真爱》（自传）
Johnson, Sophie L. 2018. *Many Love: A Memoir of Polyamory and Finding Love(s).* Riverside, NJ: Gallery Books, A Division of Simon & Schuster.

《爱不是色盲：种族问题在多边恋及其他替代关系中的表现》
Patterson, Kevin A. 2018. *Love Is Not Color Blind: Race Representation in Polyamorous and Other Alternative Communities.* Kindle eBook.

《心理咨询师对认同性非单偶制关系指南：多边恋、换偶及开放婚姻》
Orion, Rheed. 2018. *A Therapist Guide to Consensual Non-Monogamy: Polyamory, Swinging, and Open Marriage.* Kindle eBook.

《构建开放关系：你的换偶、多边恋及其他关系指南》
Powell, Liz. 2018. *Building Open Relationships: Your Hands-on Guide to Swings, Polyamory and Beyond.* Kindle eBook.

2017

《道德荡妇》（第三版）
Hardy, Janet and Easton, Dossie. 2017. *The Ethical Slut* (3rd Ed). Emeryville, CA: Greenery Press

《开放关系基础手册：如何在女性中建立和维持开放关系》
Blackdragon. 2017. *The Ultimate Open Relationships Manual: How to Create and Manage Open Relationships with Women.* Doral, FL: DCS International LLC.

《出柜：这叫多边恋》
Hiles, Rebecca and Pincus, Tamara. 2017. *It's Called "Polyamory": Coming Out About Your Non-Monogamous Relationships.* Portland, OR: Thorn tree Press, LLC.

《聪明女孩的多边恋指南》
Winston, Decker. 2017. *The Smart Girl's Guide to Polyamory*. New York: Skyhorse Publishing, Inc.

2016

《多边恋的瑰宝：在开放关系、嫉妒心、群交和其他精神追求中似乎颠狂的智慧》
Deri, Kamala. 2016. *Polyamory Pearls: Crazy Wisdom on Open Relationships, Jealousy, Group Sex, and Other Spiritual Pursuits*. Kindle eBooks.

《超越单偶制》
Schippers, Mimi. 2016. *Beyond Monogamy*. Kindle eBook.

2015

《爱的折射》
Deri, Jillian. 2015. *Love's Refraction: Jealousy and Compersion in Queer Women's Polyamorous Relationships*. Toronto: University of Toronto Press.

《精心设计的亲密关系:幸福单偶制、正向多边恋和乐观开放关系指南》
Michaels, Mark A. and Johnson, Patricia. 2015. *Designer Relationships: A Guide to Happy Monogamy, Positive Polyamory, and Optimistic Open Relations*. Holland, OH: Dreamscape Media, LLC.

《多边恋族群的故事：多边恋家庭真实的生活》
Sheff, Elizabeth. 2015. *Stories from the Polycule: Real Life in Polyamorous Families*. Kindle eBook.

《多边恋问题解答》
Wolf, Tikva. 2015. *Ask Me About Polyamory: The Best Kimchi Cuddles*. Portland, OR: Thorn tree Press, LLC.

2014

《在我尝试和挫败之前应该知道的有关多边恋的八个要点》

Minx, Cunning. 2014. *Eight Things I Wish I'd Known about Polyamory Before I tried it and Fracked it up.* Kindle eBooks.

《制定自己的性乐趣规则》
Mirk, Sarah. 2014. *Sex Fun Scratch: Making Your Own Relationship Rules.* Portland, OR: Microcosm Publishing

《赞美开放关系：论爱、性、理性和幸福》
Schott, Oliver. 2014. *In Praise of Open Relationships: On Love, Sex, Reason, and Happiness.* Germany: Bertz + Fischer

2013

"爱多多"简史
Alan, M. 2013. "A History of Loving More."
https://www.lovingmorenonprofit.org

《应对嫉妒心手册：维持开放关系的练习和见解》
Labriola, Kathy. 2013. *The Jealousy Workbook: Exercise and Insights for Managing Open Relationships.* Oregon: Greenery Press.

《隔壁邻居是多边恋：在多伴侣家庭中》
Sheff, Elizabeth. 2013. *The Polyamorists Next Door: Inside Multiple-Partner Relationship Families.* Kindle eBook.

《开放关系手册：处理非单偶制关系的基本技巧和工具》
Stewart, Kate. 2013. *The Open Relationship Handbook: Basic Tips and Tools for Navigating Non-monogamy.* Kindle eBook.

2012

《交换丈夫：一个非传统的真实故事》
Leontiades, Louisa.2012. *Husband Swap: A True Story of Unconventional Love.* Portland, OR: Thorntree Press, LLC.

2011

《多边恋的艺术和礼节：开放的性关系实用指南》
Simperez, Francoise. 2011. *The Art and Etiquette of Polyamory: A Hands-on Guide to Open Sexual Relationships.* Kindle eBook.

2010

《21 世纪的多边恋》
Anapol, Debrorah. 2010. *Polyamory In the 21st Century*. Maryland: Rowman & Littlefield Publishers, Inc.

《充足丰厚的爱：给开放关系咨询师的建议》
Labriola, Kathy. 2010. *Love in Abundance: A Counselor's Advice on Open Relationships*. Oregon: Greenery Press.

《性在黎明时：现代性的史前起源》
Ryan, Christopher and Jetha, Cacida. 2010. *Sex at Dawn: The Prehistoric Origins of Modern Sexuality*. New York: HarperCollins Publishers.

《当你所爱的人是多边恋时：了解多边恋的人和关系》
Sheff, Elizabeth. 2010. *When Someone You Love Is Polyamorous: Understanding Poly People and Relationships*. Kindle eBook.

2009

《21 世纪美国的性伴侣交换：爱情、性、与婚姻》
Bergstrad, Curtis and Sinski, Jennifer B. 2009. *Swing in America: Love, Sex, and Marriage in the 21st Century*. Santa Barbara, CA: ABC-CLIO, LLC.

《荣格的红皮书》
Jung, Carl G. 2009. *The Red Book*. New York: W.W. Norton & Company.

2008

《多边恋手册》
Benson, Peter. 2008. *The Polyamory Handbook: A User's Guide*. Bloomington, IN: Authorhouse.

《开放婚姻中的爱、性和生活》
Block, Jenny. 2008. *Open: Love, Sex, and Life in Open Marriage*. Berkeley, CA: Seal Press.

《敞开来：创建和维持开放关系指南》

Taromino, Tristan. 2008. *Opening Up: A Guide to Creating and Sustaining Open Relationships.* Hoboken, NJ: Cleis Press.

2006

"我们内心的类人猿，发现我们遥远的祖先和最近的近亲：倭黑猩猩和黑猩猩"

Waal, Frans De. 2006. "Our Inner Ape: Discovering Our Distant Ancestors, Bonobos and Chimpanzees: Our Closest Living Relatives.*" The Human Journey*

2005

《走出来，世界双性恋者的心声》

Ochs, Robyn and Rowley, Sarah. 2005. *Getting Bi, Voices of Bisexuals Around the World.* Boston: Bisexual Resource Center.

2004

《多边恋：给那些有兴趣但又不知所措的人们的路线图》

Ravenscroft, Anthony. 2004. *Polyamory: Roadmap for the Clueless and Hopeful.* Santa Fe, NW: Crossquarter Publishing Group.

2002

《单偶制的迷思：动物和人的忠诚与不忠》

Barash and Lipton. 2002. *The Myth of Monogamy: Fidelity and Infidelity in Animals and People.* New York: W.H. Freeman and Company.

《中性》（长篇小说）

Eugenides, Jeffrey. 2002. *Middlesex.* New York: Farrar, Straus and Giroux.

2000

"多边恋关系类型词语解读"

Hope, Rachael. 2020. "Demystifying the Types of Polyamorous Relationships." *Polyamory Today*, medium

1997

《多边恋－新型的博爱》

Anapol, Debrorah. 1997. *Polyamory: The New Love without Limits.* California: IntiNet Resource Center.

《被遗忘的倭黑猩猩》

Waal, Frans De and Lanting, Frans.1997. Bonobo, the Forgotten Ape. Berkeley, University of California Press.

1995

《女同性恋的多边恋》

West, Celeste. 1995. *Lesbian Polyfidelity.* Eureka, CA: Booklegger Pub.

1992

《陌生人在陌生地》

Heinlein, Robert. 1992. *Stranger in a Strange Land.* New York: Ace/Putman。

《爱的五种语言：使爱情得以持久的秘密》

Chapman, Gary. 1992. *The Five Languages of Love: The Secrets to Love that Lasts.* Chicago IL: Northfield Publishing.

《爱的剖析：交媾、婚姻和我们为什么出轨的自然史观》

Fisher, Helen. 1992. *Anatomy of Love: A Natural History of Mating, Marriage, and Why We Stray.* Updated in 2016. New York· London: W.W. Norton & Company.

1990

"情侣花束"

Zell-Ravenheart, Morning Glory.1990. *"A Bouquet of Lovers".* Green Egg Magazine, Spring Issue.

1988

李银河。1998。《虐恋亚文化》。北京：今日中国出版社。

1987

尼娜·欧尼尔，乔治·欧尼尔。1987。《开放的婚姻》（中文版）。杭州：浙江文艺出版社。

1984

《开放的婚姻》（英文再版）

O'Neill, Nena. 1984. *Open Marriage: A New Lifestyle for Couples* New York: M. Evans and Company.

1980

《双性人巴尔班》（法国福柯）

Foucault, Michel. 1980. *Herculine Barbin.* New York: Pantheon.

1977

"开放式家庭"

Constantine, Larry L. 1977. "Open Family: A Lifestyle for Kids and Other People." *National Council on Family Relation*s, Vol.26, No.2.

1976

《性史》（法国福柯）

Foucault, Paul-Michel. 1976. *The History of Sexuality.* New York: Vintage Books, A Division of Random House, Inc.

1966

《哈拉德实验》

Rimmer, Robert. 1966. *The Harrad Experiment.* New York: Prometheus。

1949

《第二性》（法国波伏娃）

Beauvoir, Simone de. 1949. *The Second Sex.* New York: Vintage Books, A Division of Random House, Inc.

1928

奥兰多（英国弗吉尼亚. 伍尔夫）

Woolf, Virginia. 1928. *Orlando*. Oxford: Blackwell Mariner Books.

有关开放关系/多边恋的主要影视片 [1]

2021

《机上勿读》故事片：一个法国畅销书作者在其出版商破产后在欧洲签售旅途中的趣事。书中主人公与近百个女性有交往。（Don't Read This on a Plane）

2020

《开放》故事片：一对在开放式婚姻中尝试的夫妇。（Open）

《婚姻的真相》纪录片：采访各国著名心理学家对婚姻为何难以维系的解读。（The Truth about Marriage）

2019

《吻者》故事片：三个女性戏剧性的周末。（Good Kisser）

2018

《薇塔和佛吉尼亚》真实传记故事片：关于英国著名社交名媛和畅销作家薇塔·维斯特和文学偶像弗吉尼亚·伍尔夫之间迷人的爱情与开放婚姻的故事；伍尔夫名著《奥兰多》的灵感及写作过程。(Vita and Virginia)

《海吉拉》台湾中学里两个闺蜜爱上了同一个男生，其中一个女孩在一次事故中被检查出是双性人，他们三人做了怎样的选择。

《酒吧天使》故事片：脱衣舞女咨询师。（Angel of Anywhere）

《灌木丛中》故事片：涉及同性恋、双性恋、多边恋和虐恋的基本规则。（2 In the Bush: A Love Story）

《伴侣》纪录片：18人个不同的情侣选择。（Partners）

---

1 很多可在 Prime Video 或 YouTube 上看到。

2016

《你我她》首个以多边恋为主题的电视连续剧：当多边恋者出柜，走入城郊富人区的生活。（You Me Her）

《格雷塔的银河指南》纪录片：一个瑞典女孩来到美国 15 年中对自由爱情的追求。（Greta's Guide to the Galaxy）

2015

《丹麦女孩》故事片：1926 年的丹麦，世界首例变性手术，给原本美满的两个艺术家的婚姻带来的挑战。（The Danish Girl）

《有限伴侣》纪录片：美国第一对"男同"婚姻 40 年的奋争，获多个奖项。(Limited Partnership)

2014

《两小时》故事片：一个情人与有夫之妇只能 5 点至 7 点的约会。（5 to 7）

《三人行》故事片：一个学性学的女生，发现男友爱上自己的闺蜜，决定共享。（Threesome）

2013

《拈花惹草 10 戒律》故事片：一对情侣的三角恋爱。(10 Rules for Sleeping Around）

《24 张底片》故事片：一个患忧郁症的警察对拜物恋摄影师的调查。（24 Exposures）

2012–2013

《多边恋：已婚及交友者》实景电视片。(Polyamory: Married and Dating)

2012

《残暴的人》故事片：两个种大麻的男人从墨西哥毒品黑帮中营救共享的女友。（Savages）

《性的天使》故事片：当你的男友爱上另一个男人。（Angels of Sex）

2011

《不求回报》故事片：性伙伴们能保持最好的朋友吗？（No Strings Attached）

2010

《戏剧》故事片：三个戏剧学院的学生用自身经历尝试体验真实的情感。（Drama）

《四个情侣》故事片：两对情侣的相遇。（Four Lovers）

《免费赠品》故事片：一对年轻情侣决定，各自随心所欲地放假一夜。（The Freebie）

《阿帕里希奥》电视剧：一场不欢而散的多边恋。（Las Aparicio）

《夫人姐妹》电视系列片：一个因宗教信仰结合的一夫多妻家庭秘密地生活在一起。（Sister Wives）

《3》故事片：一对中年夫妇同时爱上了另一个男人。（3）

《熊的城市》故事片：纽约一群性格各异的"男同"参加一个周末聚会。(Bear City)

2009

《向上突破》电视剧：纽约一对年轻的夫妇精心设计各自的离异。（Breaking Upwards）

《阿米莉亚》人物传记故事片：美国第一个独自飞越大西洋的女飞行员多边恋的人生。（Amelia）

《勇于挑战》故事片：三个高中生的情感关系。（Dare）

《真实的生活：我是多边恋》电视纪录片：两个年轻人通过多情侣体验真爱。True Life: I'm Polyamorous.

2008-2009

《家庭》电视剧连续：两男一女的三人行生活。（Family）

2008

《妈妈咪呀》音乐剧：一个新娘未告知妈妈，邀请几个可能的父亲来希腊小岛上参加她的婚礼。（Mamma Mia!）

《风流韵事》故事片：一对奉行开放关系的年轻夫妇分别爱上别人时，关系濒临破裂。（Fling）

《我太太和别人结婚了》故事片：当太太爱上并与别人结婚，怎样维持三者的关系。（My Wife Got Married）

《午夜巴塞罗那》故事片：两个闺蜜在西班牙度假时，爱上同一个画家，但他与前妻旧火重燃。（Vivky Critina Barcelona）

2007

《情歌》故事片：三个情侣如何在巴黎面对悲剧的逆袭。（Love Songs）

《相爱的女人们》纪录片：这部片获多个奖项，制片人以自己的亲身经历拍摄周边女同性恋、双性恋、多边恋性的真实情景，探讨人性与爱。（Women in Love）

2006-2011

《大爱》TV连续剧：一个丈夫与三个太太的风风雨雨。（Big Love）

2006

《盛夏年华》故事片：最好的朋友们在性的进化中学习成长。（Eternal Summer）

《我爱你，你，还有你》有关多边恋的电视纪录片（I Love You. and You. and You）

《再吻我一次》故事片：一对想考验自己婚姻的夫妇，在另一个女人介入时，不得不重新思考什么是爱。（Kiss Me Again）

《短途公交车》故事片：一群形形色色的人聚在一起，尝试纽约各种地下性活动场所。（Shortbus）

2005

《冷浴》故事片：三个青少年跌宕起伏的情感历程。（Cold Showers）

《野性的性》纪录片：不同动物的交媾与人类行为的比较。（Wild Sex）

《女孩们》故事片，三个高中刚刚毕业的女孩，如何要挟一个强壮的小伙子屈从他们的性要求。（These Girls）

2004

《歌剧魅影》音乐剧：19 世纪法国巴黎歌剧院，一个毁了容的音乐天才魅影，爱上了年轻女演员，决心把她培养成明星，并忍痛割爱给她幸福。（The Phantom of the Opera）

《世界尽头的家》故事片：一个饱经沧桑的男人，陷入一个女人和她的男友的三角关系之中。（A Home at the End of the World）

《三颗心》纪录片：一对男情侣花了七年时间，找到一个女性同时爱他们两人。一起经营纽约一家最受欢迎的健身房，他们彼此之间的爱使所有人好奇并羡慕。（Three of Hearts: A Postmodern Family）

《狂野三人行》故事片：一个跨性别的巴黎女妓，和她的两个情人回到乡间的家中，共同看护她临终的母亲。（Wild Side）

《你我爱》故事片：相爱周年纪念，女友回到家中，看见她的男友和另一个男人躺在床上。（You I Love）

《芒果之吻》故事片：两个单纯相爱的女孩闯进旧金山的虐恋角色扮演、多情侣等疯狂的世界，不知所措。（Mango Kiss）

2003-2010

《胡说八道！》电视连续纪录片：喜剧魔法师潘和泰勒展示各种另类家庭，如父母为同性恋和多边恋者。（Penn & Teller: Bullshit!）

2002

《巴尔扎克和中国小裁缝》。故事片：两个下乡知青和小裁缝的浪漫情缘。（Balzac and the Little Chinese Seamstress）

《杜鹃》故事片：二战中，一个芬兰阻击手被德国士兵捆绑在一棵树上，过路的俄国军官险些被飞机炸死，一个芬兰妇女，把两人都藏在自己的农场。（The Cuckoo）

《当两个不够时》纪录片：通过美国的一个多边恋研讨会，一个换偶活动，和一个长期多伴侣的家庭，反映多元化的情感和性关系。（When Two Won't Do）

2001

《碧波女贼》故事片：一个金发女郎与两个越狱盗贼的情缘。
（Bandits）

2000

《那个亚当》故事片：一个女服务员爱上了一个顾客，他勾搭她的两个姐妹，她的兄弟，和她兄弟的女朋友。（About Adam）

《我，你，他们》。故事片：在巴西东北部一个贫穷荒芜的小村里，同住一个屋檐下的一个女人和她的三个丈夫的真实故事。（Me You Them）

1999

《光彩壮丽》故事片：一位年轻女性与两个男友热恋时，又一个男人走进他们的生活。（Splendor）

1998

《我的所爱》故事片：一个怀孕的纽约社工，放弃男友，决定和她同性恋的男闺蜜共同抚养孩子。（The Object of My Affection）

1997

《王尔德》传记故事片：英国天才诗人和剧作家对婚姻和若干同性恋情侣的真情及所付出的代价 (Wilde)

《余晖》故事片：一个被婚姻困扰的修理工，遇见一位有同样麻烦的家庭主妇。（Afterglow）

《血橙》故事片：一对热衷换偶的夫妇在意大利度假时，与另一对危险的夫妇过于亲密。（The Blood Oranges）

《爱斯梅尔达的夜访》故事片：爱斯梅尔达同时与五个丈夫有婚姻关系，她必需向法官作出解释。（Esmeralda Comes by Night）

1996

《乘风破浪》故事片：丈夫因工伤瘫痪，鼓励妻子和另外的人性交，妻子深受愧疚感折磨。（Breaking the Waves）

《丈夫，妻子，和情人》。故事片：出轨的丈夫中风时，妻子请她的情人搬进来住。（A Husband, a Wife and a Lover）

《法式卷发》故事片：知道丈夫出轨后，妻子请一位"女同"过来同居。（French Twist）

1995

《卡灵顿》传记故事片：20世纪初，艺术家朵拉·卡灵顿与作家斯特雷的柏拉图式的爱情。（Carrington）

《厄运末世纪》故事片：两个问题青少年和一个流浪汉充满性和暴力的惊险之旅。（The Doom Generation）

1994

《汽笛》故事片：当一幅画被定为亵渎神明，牧师和他的妻子来访画家和三个与他同住的性爱模特。（Sirens）

《替代的妻子》故事片：当妻子知道自己不久人世时，请求一个妓女来替代她与丈夫和四个孩子一起生活，以便保住家族的农场。（The Substitute Wife）

1993

《影子大地》 故事片：基于英国牛津大学著名神学家、作家路易斯与美国诗人格雷莎姆婚外情的真实故事。（Shadowlands）

《牛奶咖啡》故事片：巴黎的罗拉怀孕了，不知父亲是两个情侣中的哪一个。两人争相要赢得罗拉的爱，结果意识到必需合作才能帮助罗拉渡过难关。（Café au lait）

《喜宴》故事片：定居美国的同性恋儿子为了打发父母逼婚，与非法移民女画家假结婚。(The Wedding Banquet)

1992

《奥兰多》故事片：英国贵族青年奥兰多受伊丽莎白女王之命，永葆青春。影片横跨英国历史400余年，奥兰多种种奇遇，包括转变性别，揭示人类双性同体的本性和精神进化。基于英国偶像作家弗吉尼亚·伍尔夫的名著《奥兰多》。(Orlando)

《美好年华》故事片：一个西班牙逃兵孤身一人躲在一个农场，直到农场主的四个女儿到来，被逃兵都爱上了。（Belle Epoque）

《女孩子不哭，要报复》故事片：关系复杂的大家庭。（Big Girls Don't' Cry…They Get Even）

1990

《亨利和朱恩》传记故事片：一个巴黎女孩与美国作家亨利.米勒和他的妻子朱恩的性爱纪事。（Henry & June）

《十二月的新娘》故事片：二十世纪初的爱尔兰，一个女仆女孩爱上两兄弟，怀孕后，她拒绝说出谁是父亲。（December Bride）

1989

《尘球》故事片：一个非洲村落的酋长，已经有五个太太，还嫌不够，去找第六个，以便周一到周六，每天一个，周日休息。（Bal poussiere）

1988

《只为此心》故事片：一个战地记者回到蒙特利尔的家中，心碎地发现，他的情侣们已离开去过两人的生活。他用摄影疗伤。（Straight for the Heart）

1986

《她一定要有》故事片：一个女人和三个情人的故事。（She's Gotta Have It）

1984

《米奇加毛迪》故事片：一个重婚者刻意不让两个太太见面。但当她们都怀孕时就难了。Micki + Maude.

1983

《牧师在泰国》故事片：法国西南部一个小村庄的牧师继承了兄长留给他的在泰国的一个妓院。他的泰国之旅充满奇遇。（My Pastor Among the Thais）

1982

《夏日情侣》故事片：一对美国夫妇和一个法国女人在希腊岛的三人行。（Summer Lovers）

1980

《换季》故事片：当丈夫遇到一个年轻性感的女人，婚姻遇礁。当太太也找到自己的年轻情侣，事情更糟。（A Change of Season）

《维里和费尔》故事片：十多年的好朋友爱上同一个女人。（Willie & Phil）

《小小友情圈》故事片：60 年代的哈佛，社会动荡，学生运动，三个分享一切的好友，向制度挑战，也分享彼此。（A Small Circle of Friends）

1978

《明年还是此时》故事片：两个已婚男女的一夜婚外情，每年同一天重温一次，日久天长，他们和彼此各自的关系有了什么变化？（Same Time, Next Year）

1975

《伊曼纽尔：一个女人的欢悦》故事片：分居数月后，她决心乘船去香港找回丈夫。结果在泰国找到了他、他的情妇、他神秘的飞行员男友和飞行员过继的女儿。在丈夫知情的情况下她开始了自己的几个婚外情。（Emmanuelle: The Joys of a Woman）

1974

《爱心满满的莫丽》故事片：根据著名同名小说改编，两个男人和一个女人跨越 40 年的情感纠结。这个女人说，"我相信爱情，不相信婚姻。我可以爱一个人，但和另一个生孩子。我不在乎别人怎么想，这是我的生活。"（Loving Molly）

1973

《群体婚姻》故事片：三对在不同情况下结识的朋友，以群婚的方式生活在一起，引起媒体关注，带来一系列成见和麻烦。（Group Marriage）

1972

《赛萨尔和罗莎莉》故事片：赛萨尔爱上了罗莎莉，罗莎莉的前任重回她的生活，怎么办？（Cesar and Rosalie）

1969

《热恋中的女人们》故事片：根据 D.H. 劳伦斯著名小说改编。1920年代英国中部工业区四个中产阶级情人们的关系。（Women in Love）

《鲍勃、卡罗尔、泰德和艾莉丝》故事片：人到中年的四人的友情和爱情。（Bob & Carol & Ted & Alice）

《淘金旅》百老汇音乐剧：两个淘金者发誓患难与共分享一切。一位有两个太太的摩门教徒路过此地，把其中一个太太拍卖给一个淘金者，他很为难。太太说，既然我的丈夫可以有两个妻子，我为什么不能有两个丈夫。（Paint Your Wagon）

1963

《埃及艳后》史诗故事片：克利奥帕特拉以她绝世的容貌和政治天资，将罗马帝国的两位君主玩弄于股掌之中,换来了埃及几十年的和平。(Cleopatra)

1962

《朱尔斯和吉姆》故事片：两个朋友和一个女人数十年的纠结。Jules and Jim.

1942

《卡萨布兰卡》故事片：二战期间，一位握有宝贵通行证的美国商人，面对爱情和政治的艰难抉择。（Casablanca）

1933

《生活设计》故事片：一个女人无法决定在两个爱着她的人中挑选谁，于是三人决定生活在一起。（Design for Living）

《无婚姻束缚》故事片：一个酒鬼和他朋友开了一家成功的广告公司，但酒鬼的不检点，给大家找了很多麻烦。（No Marriage Ties）